名護親方の『琉球いろは歌』の秘密

上間　信久

まえがき

沖縄には、今からほぼ300年前に創作されたと思われる名護親方・程順則《ていじゅんそく》の『琉球いろは歌』があります。ところが、この歌の存在を知っている大人はきわめて少なく、ましてや児童生徒に至っては、ほとんどいないのが実情となっています。あまりにも「モッタイナイ」と言わねばなりません。いろは歌は、味わい深く、「人生をどう生き抜くか」や「人としての美しい姿や誠の心とは」などをはじめ「恥ずかしい行いとは」と問いかけながら、読む人によって様々なことが浮かんで来るようになっています。そして誰にでも、ひとつぐらいは心に響く歌があるはずであり、必ずや人生の道標《みちしるべ》となる歌が見つかると思います。

何故かと言いますと、この歌は、中国の明《みん》朝の『六諭《りくゆ》』や清《しん》朝の頃に広がった『六諭衍義《りくゆえんぎ》』を下敷きにした上に、当時の琉球に語り伝えられていた『寄言《ゆしぐとぅ》』をも参考にして創作されており、古今東西の英知を含んだ優れた作品になっているからであります。

親方は、那覇の久米村に生まれ、中国に5回も渡って学問を修めました。また江戸の八代将軍・徳川吉宗公には、親方が中国から印刷して持ち帰った『六諭衍義《りくゆえんぎ》』が献上されました。吉宗将軍は、これを日本語に訳させて全国の寺子屋の教科書として使いました。親方は、吉宗将軍以降の日本人に対して、心の拠り所となるキッカケを与えた人であると言っても言い過ぎではないと思います。もし親方がいなければ『六諭衍義《りくゆえんぎ》』は、日本には伝わらなかったのですから。日本中の人々の心に大きな影響を与えた琉球の人は、親方以外にはおりません。

本のタイトルを『琉球いろは歌の秘密』としたのは、いろは歌には様々な秘密が隠されているからです。親方のいろは歌は、主語を変えたり自分に置き換えたりしますと、いろいろな問題の解決策が見つかる魔法の歌となっています。

３００年余りも眠り続けたいろは歌の秘密！その扉の向うに何があるのでしょうか？　開けるのはあなたです。

今からでも遅くはありません。老いも若きも、女も男も打ち揃って、沖縄の大切な宝物であるいろは歌を学びましょう。親方の思いを自分の胸に刻むことができますと人生は輝くものになります。

目次

第8段階

第9段階

『琉球いろは歌』の本題に入る前に

①秘密の扉の入り口は「肝《チム》」

友人の先輩がことある毎に「沖縄にはチムグクルがある。沖縄の大切なこころだ！　チムグクルよ〜」と強調するものだから「チムグクルって何ですかねぇ〜」と聞くと「相手に対する思いやりとか優しさではないかなァ〜」と。チムグクルは良く耳にする言葉ではありますが、どうも決まった意味はなく人それぞれが幅広い使い方をしているようです。

このようなことが続いて、妙に『琉球いろは歌』にある「肝」の文字が気になっていたのです。『琉球いろは歌』は、47首あり、この中の22の歌には「肝」の漢字が使われています。どうして「肝」の文字を22回も使ったのか不思議です。

親方が「くり返し肝の字を使ったのには、何らかの意味があるのだろうか？」とか「何かが秘められているのではないか？」「ヒョッとして暗号のような秘密を埋め込んでいるのではないか？」などと突拍子もないことを考える日々が続いて、中々その突破口が見つからなかったのです。またこのような考えは、単なる錯覚か妄想に過ぎないのではないか？と思ったり、行きつ戻りつする日々でした。

ところが平成25年の7月になって、入り口のようなものが、突然、向こうからやってきたのです。「いろは歌の漢字から沖縄のチムグクルを思う。このような内容で講話ができないか」との依頼が舞い込んできたのです。

「沖縄のチムグクルをいろは歌の漢字を通して話す?」よくも難しい注文をしてくれたものだと。そこで何とはなしに、47首の歌にある漢字をすべて抜き出して、その意味を白川静著『字通』で調べてみますと、「アキサミヨー」と腰を抜かす程に驚きました。これまでの知識で判っているツモリになっていた漢字たちに、とてつもない深い意味があったのです。そのキッカケを提供してくれたのが正に「肝」の文字でした。依頼のあった「チムグクル」を漢字に当てはめますと「肝(チム)心(グクル)」になり、この肝(チム)と親方の22首の「肝」とは繋がっているのではないかという直感が働き調べてみることにしたのです。

そこでまず『字通』で「肝」の文字を引いてみました。その意味は①きも　②まごころ　③魂の居る所でした。①と②ぐらいが肝の意味するものだろうという私の「常識」が③の意味で全く吹っ飛んでしまって、茫然自失、ショックを受けたのであります。「肝には、魂が宿っているの？……何てことだ。」と。「肝の文字を創造した古代の人たちは、その文字に魂という意味を秘め込ませていた……。このことを親方も当然熟知していたに違いない。肝に宿っているという魂こそが親方の意図したものであろう」と思ったのです。

②肝に宿る魂

肝に宿っている「魂」の文字を『字通』で調べてみますと、「魂」とは①人の心にあって、永遠に生き続けるもの　②人を成長させるものとある。「魂は人の心＝肝にあって永遠に生きる？人を成長させるもの？」このような意味があるとは、これまでの自分の知識では全く想像することもできませんでした。

凄まじい意味を与えられた「肝」と「魂」。驚きを隠せない自分がいました。

そこで22首で詠われている漢字の中に「魂」を意味しているものがないか、注意深く探してみますと、全く同じ意味を持つ漢字が「あった！」のです。鳥肌が立った瞬間でした。それはゑの歌にある「肝ぬ上ぬ真玉」の「真」の文字に秘められていました。「真」の意味は、①まこと　②永遠なもの　そして③は正に「たましい」だったのです。「真」の漢字には、その他に「宇宙の真宰《しんさい》＝森羅万象《しんらばんしょう》の創造者に繋がるもの」との意味も含まれています。

③秘密を解くカギは漢字に

「親方の22肝歌には隠された何かがあって、それを解くカギは漢字にあるのではないか？」との思いにかられ、これまでの漢字を並べてみました。「チムグクル」のチム（肝）はこころであり、魂の居る所。魂は、心にあって永遠に生き続け、人を元気にするもの。真は、永遠なもの、たましい、宇宙の真宰につながるものなどの意味がありました。

この3文字に共通する意味は、こころ、たましい、永遠ですのでつなぎ合わせますと「人の心にある魂は永遠に生き続け、宇宙とつながるもの」となります。また肝（チム）心（グクル）は「永遠に生き続け、人を元気にするこころ」とも訳ができるのです。沖縄のチムグクルは、凄い意味を持たされた言葉だったのです。このことが判ってから22肝歌の漢字をすべて抜き出し、その意味を調べて文章にしますと「島言葉《しまくとぅば》が判らなくても歌の訳ができる」ということがわかりました。大きな発見でした。

ところで『琉球いろは歌』は、古い時代の儒教の教えだとして避ける人もいますがとんでもないことです。それは古いどころか時代を突き抜けて生き続ける珠玉のメッセージとも言えるものです。

親方が300年前に詠った歌がホントに現代にも役に立つものなのか？肝の入った歌を22肝歌と名付け、その秘密を解き明かしながら親方の真意に迫ります。

④「22肝歌《チムウタ》」に込められているもの

学《まなぶ》　親方は何かを意図して22肝歌を創ったのですか？

名護親方《なぐうぇーかた》　どうして君はそのようなことを聞くのかね

学　不思議なんですよ。47首の半分近くも肝の文字が入っているものですから……。

名護親方　琉球の国が伝えてきた魂というものは、チムグクルですからねえー。肝心要《かなめ》のも

のだから、入れておいただけじゃ

学　親方の見識からすれば同じ漢字を使わないで、いくらでも表現ができたんじゃないでいですか？

名護　何でまた君は肝の入った歌にこだわるのかね？

学　漢字の大家の白川静《しずか》さん。もう亡くなられたのですが、その方が肝歌の漢字をすべて抜き出しなさい！とまるで夢のように囁くものですから……

名護　亡くなった人がそう言ったのですか？面白いことを言いますねえー

学　『字通』を開いていた時に、インスピレーションがあって、そういう風に感じただけなのですが……

親方　それで22の歌の漢字を抜き出して意味を調べたと……。ワシの肝の漢字の入った歌を肝歌と名づけたと……、こう言うのかね？

学　そうです。その声に従ったら同じような意味を持つ歌があって、それがつながって行くものですから、驚いたんです。何らかの秘密がありそうだと、ですね。

親方 ほほう。面白いところに気がつきましたねぇー。その意図に気がつくとは……ハッハッハー。

学 笑わないで下さい。あまりにも肝の文字が多いものですから、何かあるのでは？と思っても不思議ではないでしょう？

親方 まァーそう考える人は少い。そのまま流してしまう。深くは考えないのじゃ。

学 そうですかねぇ……。ところで、いろは歌には、親方の経験も反映《はんえい》されているのですか？

親方 確かに自分の体験をもとにしているものもある。特にワシが40の時のことじゃが、半年の間に長男、次男、三男と立て続けに亡くしてのォ。

学 たった半年の間にですか。

親方 そうじゃ、弟も入れると4名になる。この世に神はいないのかァ……。どうして自分の身に……、と神を恨みもした。

学 信じられません、こんなことって……たった半年で……ですかァ……。絶句、しばらく無言……。

この悲惨な体験は、生涯ズッと親方の心に影を落し続けていたであろうことは、容易に推測することができます。自分の身に置きかえて考えますと、とても耐えられず、気が狂ってしまうのではないかとさえ思われるのです。親方は、この逆境をどう乗り越えたのでしょうか？

「いろは歌を創作することにこころを集中して、愛する息子や弟たちの遺志を受け継ぐ後々の者たちへ、メッセージを残すことで悲しみを昇華させて前に進んだのではないか？」このように私は考えています。その理由は、22肝歌の根っこにズーッと流れている「しらべ」は、命に対する「あふれる想い」であり慈愛に満ちているからであります。それでは命とは何か？『字通』に登場してもらいましょう。

命の漢字の意味です。

命には、いのち、うまれつき、いいつけ、神のお告げ、さだめ、おしえ、などの他に神に祈ってその啓示として与えられるものとの意味があり、更にその漢字の成り立ちは、礼帽をかぶって跪《ひざまず》いて神の啓示を受ける形とあります。

ここで「命」「真」「肝」「魂」の４つの漢字が揃いました。４つの文字もそれぞれつながり合っています。

⑤命について

学　親方の22肝歌でよく判らないものがあります。
親方　それは何じゃ。
学　㋸の歌にあった宇宙の真宰ということですが……。
親方　それが判らぬと言うのかね。
学　ハイ！難しすぎて……教えて頂けませんか？
親方　そうじゃのォ〜。宇宙の森羅万象を司《つかさど》る者のことだが、くだいて言えば君たちが使っている言葉、そう！神様じゃ。
学　神様ですか？神とつながっているんですか？この私が？
親方　そうじゃ！命は神によって与えられるものじゃ。
学　与えられた、ではないのですか？
親方　与えられない命もあるってことじゃよ。だから神の恕《ゆる》しがなければのォ〜。

学　神様の恕しが必要なんですか?命は……。
親方　君が調べた命の漢字の意味をつないで文章にしてごらんなさい。
学　意味をつないで文章にですか?えーっと……命には生まれつきの定めがあり、その定めとは……神の言い付けや教え、となりますが。
親方　漢字の奥深いところじゃ。たったひとつの文字でこのように意味が通るものになる。命には、別の意味もある。そうだね?それをつなぐとどうなるのかのォ〜。
学　別の意味では……命は神のお告げによって与えられる……ですかァー。だから神の恕しが必要だと……。
親方　どうじゃ!少しは命の意味が判ったかのォ〜。
学　考え方としては、判るのですが……深すぎます。特に命に生まれつきの定めがあるとか……神の言い付けなどがあるというのは、何なのかサッパリ判りません。
親方　それで良いのじゃ、考え続けるのですぞ、学君《まなぶ》。

「肝心《チムグクル》とは何か?」という講話の依頼から、『琉球いろは歌』を新しく解釈するキッカケができて、その入口となったのが「肝」の漢字でした。これをスタートにして命・真・肝・魂の4文字が浮び上がりました。この中で親方が最も重要視したものが命であろうことが推測できるのです。

命の漢字には、想像を絶するような意味が含まれており、象形文字の命の形からはじまって、時代が変わるたび毎に新たな意味が付け加えられ、現在に至ったものと思われます。その理由は、命の文字に込められた意味があまりにも多岐に渡っているからであります。

しかし、命は、人類にとって最も大切なテーマでありながら生命の誕生の由来やその本当の意味は明らかではなく、霧に包まれたままです。名護親方の『琉球いろは歌』にはその意味を知る様々なヒントが込められています。

⑥22肝歌と残りの25首との関係

学　22肝歌の漢字の意味をすべて調べて、並べ替えてみますと、不思議な絵図になったんです。これは親方の人生哲学のように思うんですが……。

親方 ホホウー、どうしてそのように考えたのかネ？

学 曼荼羅《※まんだら》のように見えるんです。

親方 マンダラとな？

学 そうです！何らかの決まりがあって、それに基づいて構成されていたからです。

親方 ほぉ～そこまで気がつきましたか？お見事と言っておきましょう、じゃがね、それで終りかね。

学 と言いますと？

親方 残りの25首はどうするのじゃ！

学 まだ何かあるんですか？肝歌で終りにしたいんですが……。

親方 馬鹿者が！ワシが肝歌だけで済ませたと思うのかね？

学 肝歌を並べ替えるだけでも、３年もかかったんですから……もう……。

親方 乗りかかった船じゃ！モッタイナイ！とは思わんのか？

学 そう言われましても……。

親方 肝歌だけでは不十分なのじゃよ。伝わり難いんでのォ〜。

学 伝わり難い?どういうことですか?

親方 皆の者が判り易いようにの?組歌にしてある。25首とじゃ。

学 判り易いようにですか?肝歌に1首ずつセットしてあると?

親方 1首とは限らん!とにかくじゃ、組歌にしてあるからそれを見つけるのじゃ!

25首の歌は、ホントに22肝歌とセットになっているのか?肝歌との関係を求めて、再び25首を調べ直したのです。ここからは、いよいよ本題です。親方は、47首にどのようなメッセージを込めているのか?楽しみです。

※

曼荼羅《まんだら》 古代インドに起原があり、聖域・悟りの境地。世界観や宇宙観を視覚的・象徴的に表現。①複数の要素から成り立っている。②複数の要素が並列されているのではなく、ある法則や意味に従って配置されている。③ある秩序のもとに組み合わされ、全体として何らかの世界観を表わしたもの。

第1段階

組歌のスタート㊙のテーマは命

1967年（昭和42年）の春、私が沖縄留学生として神戸大学に進学した時のエピソードです。

その①

級　友　「上間君！箸使うのがウマイねぇ〜」

私　「箸もフォークも使えるし、手だって使えるよ！」

級　友　「……」

その②

級　友　「上間君！日本語が上手いね？」

私　「君の関西弁よりは少しマシだろう！ 英語も琉球語も3カ国語が使えるよ」

とハッタリをかますと

級　友　「ふ〜んそう！凄いや……」

その③

植村君　「上間君！君は日本人なの？」

私　「ウッ……」言葉に詰って声が出ない。激しいカルチャーショックを受け、

それからです。日本人とは？沖縄人とは何か？と。

今では想像もつかない会話ですが、それが当時の現実であり、いかに沖縄の情報が伝えられていなかったかが判るエピソードです。このような青春の記憶が50年間もずっと続いていて、出合ったのが名護親方のいろは歌でした。

辿り着いたのは、人の出身地や国籍、それに人種や民族、宗教などの違いではなく、人類共通の「命」だったのです。

名護親方から３００年後。陽の下に出すことができた『琉球いろは歌』の秘密の物語です。初めのテーマは「命」です。

絵図にあるように22肝歌のスタートは（ゑ）の歌です。この歌にある「肝ぬ上ぬ真玉」の「肝」と「真」の漢字に共通しているものは「魂」。これをもとに「肝ぬ上ぬ真玉」を意訳しますと「人の心には永遠な魂が宿っており、この魂は宇宙の真宰＝神様とつながっている」でした。

それで25首の中から（ゑ）の歌と連動して組歌になっていたものは、（う）の「玉ぬ緒ぬ命」でした。命の漢字がカギになって肝歌とつなぐことができたのです。命は、真・肝・魂を宿しているからであります。「玉ぬ緒ぬ命」の意味は「あなたの命は、父母祖父母と長い間に亘ってつないできたもの」となります。それでは（ゑ）と（う）をセットにして意訳し、親方のメッセージを伝えます。

ゑとうの組み歌

肝歌(ゑ)	組歌(う)
絵《ゑ》描《か》ち字《じ》書《か》ちゃ（絵を描いたり字を書くのは） 筆先《ふでぃさち》ぬ飾《かざ》い（筆先の飾り） 肝《ちむ》ぬ上《いー》ぬ真《ま》玉《だま》（心にある永遠な魂を） 朝《あさ》夕《ゆ》磨《みが》き（朝に夕に磨きなさい）	惜《う》しでぃ惜《う》しまりみ（惜しんでも惜しみきれない） 玉《たま》ぬ緒《う》ぬ命《いぬち》（父母祖父母がつないできた命） 若《わか》さ頼《たる》がきてぃ（若いのをいいことに） 廉《す》相《そ》に持《む》ちゅな（粗末にするな）

意訳

絵を描いたり字を書いたりするのは、筆先の飾りです。心に宿る永遠な魂を朝に夕に磨きなさい。命は先祖代々つないできたもので、若いのをいいことに粗末にするのは惜しんでも惜しみきれません。

ゑとうのこころ

学　玉の緒の命は、惜しんでも惜しみきれません。というのは亡くされた息子さんたちのことを想ってのことですか？

親方　グシク勤めの若衆たちが、酒と色にうつつを抜かしておってのォ〜。これで良いのかとな？息子たちが元気であれば、この琉球を立派に背負ったであろうがと……偲ばれてのォ〜。

学　そんなにひどかったんですか？

親方　あ〜あ、乱れておった。王様も酒と色を慎みなさい！と張り紙をして注意したんだが……いっこうに聞く耳を持たなかったんじゃ。

学　命を粗末にするでない！と親方も諌《いさ》めたのでありましょう？

親方　玉ぬ緒ぬ命とは、どういうことか判るかね？

学　よくは判りません。

親方　玉とは男の金の玉、緒はヘソの緒で女のことじゃ。だからじゃ命は父母・祖父母という風にのォ〜長い間にわたって繋《つな》いできたもの。ひとりだけのものじゃない！このことを判ってくれ！となな。

学　命には、先祖代々の血が入っている……と。

親方　そういうことじゃ、それだけではない！他にも思いを込めてある。

学　それって……心には永遠の魂が宿っている……という所ですか！

親方　魂はこの胸の中に、チム（肝）に宿っています。永遠なるものです。

学　永遠ってことは、魂は死なないってことですか？人は死んだら何もかもなくなるんではないですか？

親方　そうではない！今は永遠なるものとだけ申しておこう。

学　そう言われましても……よく判りません！深すぎます。それに魂は神様とつながっている！ということもです。

親方　魂は、命そのものの中にある。命の漢字！最初の形はどうであったか、漢字を創った昔の人たちの思いがその中にある。

学　思いですか？

親方　そう！

学　最初の形は……礼帽をかぶって、跪《ひざまず》いて……神に祈りその啓示を待つ姿……。

親方　神の恕《ゆる》しを得て与えられるのが命です。

学　神様の恕しを得るとはどういうことですか？

親方　前にも申したであろう！与えられない命もあるってことです！

学　どういうことか教えて下さってもよろしいじゃありませんか。我々とは違う世界におられるんですから……。

親方　おかしなことを言いますねぇ、君は。それは無茶というものです。教えるものではありません。命も魂も自分なりに考え続けるものです。

学　だから朝に夕に磨けと……。

親方　磨くとは、魂・心を磨き続けるということです。そうすればじゃ！自分の命のさだめが判るようになる！立って歩けるようになるのじゃ。

学　それは、どうすればできるのですか？

親方　これから続く組歌にじゃ、進む道や方向を示してある！考え続けるのじゃ！

「命には、先祖の血統・DNAと永遠な魂があり、その魂は神ともつながるものである。そのことがよく判らなくても、日々心を磨いておればいずれ何らかの考えができるようになり、自分に与えられた命のさだめも判るようになる。これが人生の幸せの道につながるものである」と。

(る)と(う)の心であろう。

第2段階　テーマは(い)の「寄言《ゆしぐとぅ》」

組歌のはじまりは、命がテーマでした。

第2段階には、(い)の肝歌を当てはめました。理由は命と同じように「神」の意味を持つ漢字があったこと。それに順番を決めてあるのではないか？という直感があったことであります。

いろは歌の初めの歌が㋑ですから。命のテーマと共通する言葉は「寄言《ゆしぐとぅ》」にありました。それぞれの漢字の意味は、

寄……よる・たまる・まかす・力とする・責任

言……いう・ことば・神に誓う・つげる・おしえ・いいつけです。

両方の意味をまとめますと寄言《ゆしぐとぅ》は、①神に誓った力とする言葉　②力とする言葉　③神から告げられた力とする言葉、などになります。

また『字通』によると「言《げん》」の本来の意味は「言を神に供えて、その応答のあることを音という。神の音ない（＝訪《おとな》い）を待つ行為が言であった」とある。このように沖縄の島々にわずかに残っている「寄言」には無視することができない大変な意味が含まれているのです。

学　寄言の意味を知ってショックでした。

親方　ほほう！驚いたと言うんじゃな？

学　考えられないんです。寄言が神様に誓った力とする言葉だったなんて……。神に誓うというのはどういうことなんでしょうかねえ〜。

親方　人はみんな生まれてくる時にのォ〜、地球の世話をする為にこれをしますと神に誓うのじゃ。

学　何を誓うのですか？

親方　人にはそれぞれに地球の世話をする役割がある。皆、違う役割がある！

学　私は誓った覚えがありません。

親方　当り前じゃ！オギャーと泣いて地球の空気を吸ったとたんに忘れるのじゃ。君は、夢を覚えておるのかのォ〜。

学　ほとんど覚えていませんが、それが何か……。

親方　その夢と同じようなものなのじゃよ。

学　忘れた！ということですか？

親方　だからじゃ、人生は自分が神と約束したことを思い出す旅でもある！

学　神との約束を思い出す旅。それが人生ですか……。思い出せるでしょうか？

親方　自分の行動でウキウキしたこと、向いているもの、得意なものが何であったか？考え続けると良い。いずれはオボロゲにも約束したことが何であったか判ってくるようになるじゃろう。

学　そうだと良いんですが……ところで昔の人は神様と話ができたんでしょうか？誓うってことは、会話した！ということでありましょう？

親方　文字を創った頃の人たちの中には、話ができる人がいたんじゃ。

学　信じられません！

親方　君が尊敬している白川静の『字通』に、言《ゲン》は何とあったかのォ〜。

学　えーっと……、言を神に捧げてその音ないを待つ……それが本来の意味だと……。

親方　聞こえない音を聞き分けることができる人がいて、その音ないを頼りにしてできたものが文字じゃ。

学　そのような人は、神様と通信ができる何かを持っていたんですか？

親方　わが琉球にも感性の鋭い人がいた！今もその能力を持っている人が少しは残っておろう。

学　人間ばなれしていて、すぐには納得できません。

親方　そうであろうのォ〜、そのような人は迷信を広げ、世の中を惑わす者だとしてじゃ、罰を科されてきましたから……無理もありませんなァー。しかし、白川静が語っているように、文字は神と人とが通信するものとして誕生したのは誠のことじゃ！

学　どうして神の声ではなく、音なんですか？

親方　音という漢字の意味を調べてみると良い！音の漢字には、言の下にある口の部分に横線が入っておろう。その一本の線が神が降りてきたという証《あかし》なのじゃ。だから音。音ない、訪れたという意味になるのじゃ。

学　へェ〜。漢字にはそのようなツナガリもあるんですかァー。

親方　深いぞ漢字は！よく学び修めるのじゃ！

言《ゲン》について

言は『字通』によると「辛（しん）＋口（くち）から成っており、辛は入墨《いれずみ》に使う針、口は言葉を収める器の𠙵（さい）のことで、サイに針を刺して言葉を取り出し誓う形」とある。更に「もし自分の誓いに反したら、口に入墨の刑を受けても良いとの意がある」と。

子どもの頃、約束する時に必ず使った言葉「指切りゲンマン嘘ついたら針千本の〜ます」のオマジナイは、言の漢字に由来しているものと思われます。

(い)の歌にセットされている歌は、「寄言」を含んだ3首の中から意味が通じる、(し)の歌を選びました。

㋑と㋛の組歌

肝歌（い）	組歌（し）
意見寄言《いちんゆしぐとぅ》や（人の意見や先祖から伝えられた言葉は） 身《み》ぬ上《いー》ぬ宝《たから》（人生の宝物） 耳《みみ》ぬ根《に》ゆ開《あ》きてぃ（耳を開けて良く聞き） 肝《ちむ》に止《とぅ》みり（心に刻みなさい）	子孫寄言《しすんゆしぐとぅ》や（子孫に伝える寄言は） 油断《ゆだん》どぅんするな（手を抜かないように） 命《いぬち》ちながする（命をつないでゆく） 糸縄《いとぅな》（営《いとぅ》な）とぅ思《む》り（営みだと思うように）

意訳

人の意見や先祖代々伝えられた寄言は人生の宝物です。耳を開けてよく聞き、心に刻むように。

子々孫々に伝える寄言は、命をつないでゆくようなものですから手抜きしないで伝える営みを日々続けるようにしなさい。

寄言《ゆしぐとぅ》と命について

学　親方は、どうして寄言が命をつなぐ糸だと……。

親方　それは、琉球のはるか昔のご先祖が、神に誓った約束の言葉だからじゃ。

学　神様に約束ですか？単なる言葉ではないですか？

親方　いったん、こうしますと口から出した言葉は守らないといかんのじゃ。

学　それならどうして私の世代には伝わっていないんですか？手を抜いたんでしょうか？

親方　侮《あなど》ったのじゃよ。まさかみんなが琉球の言葉は失うまいとな？

学　何があったのですか？

親方　明治12年、1879年のことじゃ、琉球藩がなくなり、沖縄県になった。王様がいなくなったのじゃ。

学　それが何か関係しているのですか？

親方　明治政府の力は強くてのォ〜。想像すらできぬ力が働いた。方言撲滅運動が起きた。

学　ホウゲン・ボクメツですか？

親方　琉球の言葉は、酋長や土人の言葉だ！遅れていると申してな？標準語励行が始まったんじゃ。

学　皆さんは、それに従ったんでしょうか？

親方　琉球を捨てることが進歩的だと言うてな？そんな空気が広がって行った……。

学　寄言も、命をつなぐ営みも捨てたんですか？

親方　大きな流れの中では人の気持もな？この流れには逆えぬ。流れに乗って琉球めくものを捨てる者が多くなったということじゃよ。

学　寄言は命をつなぐ大事なものよ！と油断するなと……声は届かなかったのですかァー。

親方　中には大事にしようとする者もいたんじゃがのォ〜いかんせん……。

学　政府の力には刃向えなかったと……。

親方　確かに明治政府の力は強烈ではあった。しかしのォ〜、その力によって寄言が伝えられなかったというものではない。つなぐ気力を失い、努力を怠ったのじゃ、魂の言葉をな？

学　魂の言葉ですか？寄言は？

親方　真は神とつながるもの、言は神に誓った言葉じゃ。それ故に真言と言うのじゃが、大事な魂、根っこにあるものが忘れられてしまってのオ〜。それが命をつなぐものだと知らずにな？悲しいことよのォ〜。

学　糸が切れたということですか？

親方　切れた！とは言うておらぬ。大きな流れに乗ってのォ〜。自分を忘れてしまったということじゃ！

学　想い出しなさい！ということでしょうか？

親方　今からでも遅くはない！わずかに残っている寄言を探し出して伝えよ！ということじゃ。

学　探しなさい！と言われましても、伝えている人を私は知りません。

親方　必ず沖縄のどこかには居《お》る。信じるのじゃ！手抜きしてはならん！今の時代に必要なのじゃ！ワシのいろは歌にもヒントは残してあるぞ！

(い)と(し)のこころ

「寄言は、沖縄の遠いご先祖が神に誓った言葉を語り伝えてきたものである。この言葉は、子々孫々の人生を輝かしいものにするから、伝えることを怠ってはならぬ。またこの営みは、沖縄の命＝魂を伝えつないでいくものであるから、心に刻み込むように。たったひとつでも良い！寄言を探し求めて自分のものにすることだ！」というのが親方のメッセージであろう。それはまた「動かぬ石《いし》と同じように、(い)意(し)志を強く持って進め！」と。このようにも受け取れるのです。

物語を次へと進めます。

第3段階

テーマは㋺と㋝の「人生の方向を定め漕ぎ方を決める」

22肝歌には、ほぼ同じような意味の歌が2首あります。それは、いろは歌の2番目の㋺と後から2番目の㋝の歌です。前から2番目と後ろから2番目の数字が符合しているのです。前述しましたように「順番が決められているのではないか？」との思いがますますつのってきます。先ずはと、2首を並べて3段階にセットしてみたらドンピシャにはまったのです。驚きでした。狐につままれたような奇妙な感覚に襲われましたが、これも親方の謎かけのひとつに違いないと。

それで第3段階には、㋺と㋝の2首の肝歌を配置しました。ポイントになる漢字は、㋺の舵と㋝の楫であります。その意味は「方向」と「漕ぎ方」です。

㋺のテーマ「人生の方向を定める」

『字通』で㋺の「舵」を引いてみますと、その意味は（かじ・かじとる）で船の船尾にあって方向を定めるものとあります。船の進む方向と人生の方向とをかけた歌となっています。また「すんぷ」は寸法、寸分の漢字が当てられていますが、寸法は（目もりや長さ）のことで、寸分は（ほんの少し）という意味です。ここでは寸分が正解であります。では この（ろ）にセットされている歌は、どの歌が相応わしいか？ヒントは「人生の方向を定めるのは難しい」でした。このような歌は（よ）と（や）の2首に「定み難しゃ」とあり、（ろ）には（よ）を配しました。また（よ）の瑕《キズ》と疵《キズ》は両方ともキズのことですがここでは目に見えない心のキズや欠点を表現しています。

㋺と㋵の組歌

肝歌(ろ)	組歌(よ)
艪《る》舵《かじ》定《さだ》みてぃどぅ（船の舵を定めて）	他所《ゆす》ぬ上《いー》ぬ瑕《きじ》ん（他人の人生の欠点も）
船《ふに》ん走《は》らしゆる（船を走らせる・進ませる）	ゆすぬ疵《きじ》とぅ思《む》な（他人のキズと思わないように）
寸分《すんぷ》はじらすな（ほんの少しもズラすな）	我身《わみ》ぬ善《ゆ》し悪《あ》しや（自分の長所や欠点は）
肝《ちむ》ぬ手綱《たんな》（心の手綱）	定《さだ》み難《ぐり》しゃ（定め難い）

意訳

船には目的地があって進む方向は定めやすいのですが、人生の目的地や方向は見えません。何が自分の長所であり短所なのかさえ定め難いのです。ですから人の行いを参考にして方向を見つけ、方向を決めたら心の手綱をしっかりと持って、ほんの少しもズラさないようにするのです。

ろ⃝とよ⃝のこころ

親方　どうして君はろ⃝の組歌によ⃝を選んだのじゃ。

学　自分の経験からです。

親方　どういうことかのォ〜。

学　人の行動を少しばかり参考にしていますので……。

親方　人の行いから学んでいるということじゃな？では、どんなところを参考にしておる？

学　自分の都合の良いことだけを言って、人を無視するとか、人の話を聞かないとか……。

親方　君は欠点ばかりを参考にして、良いところは学ばないのかね？

学　もちろん良いところも学んでいます。気配りが良いとか、仕事を手抜きしないとか。

親方　そうじゃろ、なかなか自分の姿は見え難いものじゃ！で君は、我身《わみ》ぬ善悪《ゆしあ》しをセットしたと言うのじゃな？

学　ハイ！先ずは自分のことを考えるのが先だろうと……。

親方　ほォ〜！大したものじゃ。**慶良間《キラマ》や見《ミ》ーゆしが睫毛《マチジ》や見《ミ》ーらん！**

学　どういうことですか？

親方　慶良間島のようにじゃ、遠い所は見えるが、目の前のマツゲは見えない！ってことのたとえ。人の行いは見えるが自分は見えないってことじゃ。

学　なので、方向を決める手立ては人の行いに学べってことですか？

親方　そういうことじゃ！また他人からは君がよく見えるってことも忘れぬようにな？人生の方向はよく見えぬが、手綱をゆるめてはならん！　探し求めるのじゃ。

「自分の人生の方向を定めるのは、〝人の振り見て我が振り直せ〟、が一番の近道であり、人の良い所は見習って悪い所は改めて、人の行いを手本にして進むように。自分のことはよく判らないものです。このことを心の手綱にして少しもゆるめないように」

これが㋫と㋵に込めた親方のメッセージです。

㋝のテーマ「人生の漕ぎ方を決める」

『字通』で㋝の楫《かじ》を引いてみますと、その意味は（かじ、かい、あつめる）で、船を漕ぎ進めるものとあります。舵は方向でした。親方は船の漕ぎ方を人生の渡り方と対比させて歌っています。

㋝の廉《す》相《そ》は、廉《れん》（そばに追いやる）相《そう》（かたち）で、つなぎ合わせますと（そばに置く形、スミに追いやる形）となり転じて（粗末にする、疎かにする）などの意味になります。

また㋳の貧《や》しゃる者とは（貧乏な人、身分の低い人）などの意味で、欺《あざむ》くは（あざむく、あなどる、いつわる、軽く見て馬鹿にする、相手を騙《だま》す、悪く言う、見下げる、卑しむ、見くびる、はめ込む、一杯食わす）などネガティブで心が凍るような意味の言葉です。

㋝の組歌には「定《さだ》み難《ぐり》しゃ」の残りの一首㋳を充てました。親方は、㋝と㋳で人生の漕ぎ方、渡り方について、どう歌っているのでしょうか。

㋝と㋳の組歌

肝　歌（せ）

世間《しきん》立《た》つ波《なみ》に　（世間の荒波にもまれて）
渡《わた》る身《み》ぬ船《ふに》や　（渡って行く自分の船は）
肝《ちむ》どぅ楫《かじ》でむぬ　（心をカジにして漕ぐもの）
廉《す》相《そ》に持《む》ちゅな　（疎《おろそ》かにもたないように）

セット歌（や）

貧《や》しゃる者《むぬ》と思《む》てぃ　（貧しい人だからと思って）
人《ふぃとぅ》ゆ欺《あざむ》くな　（人をあなどるな）
明日《あちゃ》や身《み》の上《いー》ぬ　（明日の身の上が、明日の人生が）
定《さだ》み難《ぐり》しゃ　（定め難い）

意訳

世間の荒波にもまれながら渡って行く自分の船は、心をカジにして漕ぎ渡るもので、疎かに持たないように。また世間を渡るに当っては、貧しい人だからとしてあなどらないように。その人の明日の人生がどうなっているのかは、定め難いのですから。

㋝と㋳のこころ

学　人を欺《あざむ》くな！というのはどういうことですか？

親方　これには、ふたつの意味がある。「あなどる」と「あざむく」のな？あなどるな！というのは、人を見下して軽く扱うことがないようにとかの？　貧しいからと言って人を卑しめたり見くびってはいかん！ということじゃ。

学　もうひとつのあざむくな！というのは、この意味とは違うのですか？

親方　「あざむく」というのは、言葉巧《たく》みに嘘を言うてのォ〜、相手を騙すこと！

学　オレオレ！詐欺のようなものですか？

親方　詐欺の詐《さ》は、あざむきいつわる、欺《ぎ》も同じ意味の漢字じゃ、ツルにはなってものォ〜、サギになってけいかん！

学　ツルになっても……ハァーあの「恩返しのツル」ですかァー、オモシロ〜イ！

親方　笑い話ではないがの？サギは弱い人を見つけて一杯食わす、許せんのじゃ。

学　今は貧しく、弱くても見くびるなですか……。ついついそうなってしまいますが……。

親方　上には上があってキリがない。下には下と際限なく続いておる。自分は常に人の上にお居りたいとなァー、これが人の心理じゃ。

学　どうすれば良いんですか？

親方　人と人との関係をどうするか？じゃのォ～。一歩下がって敬意を表しながら接するか？弱さを隠して格好をつけるか？尊大に構えるか？いろいろあるのォ～。

学　人生航路の漕ぎ方は、対人関係を基本にして進めよ！ということですか？

親方　どんな人でも必ずひとつは取り柄がある！それを見つけて学ぶのじゃ！

学　長所を見つけて学ぶのですか？

親方　そういうことじゃ！**君子は豹変する！**のじゃ。

学　クンシはヒョウヘン？どういうことですか？

親方　今は見すぼらしく見えても、高い志《こころざし》があれば自分を変えることができる。3日も会わずにいるとじゃ、人間が変わるぐらい良くなっていることもある。このようなたとえじゃのォ～。

第3段階のまとめ
「舵《かじ》と楫《かじ》」のこころ

3段階の4首の頭文字《かしら》は、ⓡⓨⓢⓨです。

3段階の4首の頭文字《かしら》は、㋺㋵㋝㋳です。この4文字を組み合わせますと㋳㋺㋵と㋵㋝㋳になります。人の良い行いを参考にして、人生の方向を定めるように㋳㋺㋵、悪い行いを真似《まね》るのは㋵㋝㋳です。

また人生航路の漕ぎ方については、人を見くびるのは㋵㋝㋳になり、人に接する時には、相手に敬意を表して誠実に㋳㋺㋵と。単なる語呂あわせに過ぎないのですが、当てはまるから不思議です。

私の友人の例です。

その1　幼い頃に父親を亡くし、母子世帯でトタン葺きの家に住んでいた少年は、台風をとても怖がっていました。暴風で揺れる家の中で母親に抱きしめられた彼は決意します。

大きくなったら台風がきても心配のない家を母親にプレゼントしよう!と。コツコツと仕事を続け、事業も軌道に乗り、立派な家を建ててあげたAさん。

その2

20代まではヤンキーな青年が、一念発起して本土に渡り、人の出合いに恵まれて建築物の解体工事を手伝うようになりました。現場から出た様々な廃棄物をトラックで運ぶのです。彼は誰もやらなかった作業、現場から出た様々な品を選り分けて、商品として販売しました。この作業を続けて財を成したMさん。

どういう人に学ぶか?人との出合いや機会を生かしたAさんとMさん。人生の目標としたい人たちであります。

第4段階

テーマは「行動指針」ⓗⓕⓝの3首

その1ⓗの「恥」について

第3段階は「人生の方向を定め、力強く漕ぎ渡れ」でしたが、何を基準にして人生航路を進めば良いのでしょうか？

親方は、第4段階には、「恥」「誠」「飾(美)」の漢字を当てて、「人生の行動目標にするように！」とのメッセージを送っています。

どうしてこのようなことが判ったかと言いますと、ヒントは前述しました「順番が決められているのではないか？」でした。

それで(い)(ろ)の次の(は)を当ててみますと「恥は、心を治める要《かなめ》に位置するもの」とあったのです。「恥」を心の舵にして行動すれば良いのかも知れない！と第4段階に先ずはと「恥」を配置してみました。

『字通』で恥を引いてみますと意味は（はじ、はじる、やましい、はずかしめる）で、漢字の形は耳＋心で「ものに恥じる心は、先ず耳に現われる」とあります。(は)の「思詰り《うみちみ》」は、よく考える、思いを深くするなどの意です。

この「恥」と組歌となっているものに(ぬ)の歌を充《あ》ててみました。「恥ずかしいことは、苦しいからと言い訳をして手抜きしたり、逃げたりすることだ」が(ぬ)の歌の意味だったからです。

それでは(は)と(ぬ)の歌です。

ⓗとⓝの組歌

肝歌(は)

恥《はじ》ゆ思詰《うみちみ》り（恥とは何かを良く考えなさい）

朝夕《あさゆ》物事《むぬぐとぅ》に（朝に夕に起きるでき事に対して）

我肝《わちむ》治《うさ》みゆる（自分の心をおさめる、心を正す）

要《かなみ》所《どぅくる》（要にあるもの）

組歌(ぬ)

奴《ぬ》が苦《くり》しゃとぅ思《む》てぃ（どうして苦しいからと思って）

油断《ゆだん》どぅんするな（油断するな、手を抜くな）

遍《あま》く働《はたら》ちぬ（かたよりなく働くこと、陰ひなたなく）

仇《あだ》になゆみ（無駄にはならない）

意訳

毎日起きる出来事に対して、恥とは何かをよく考えるように。恥は自分の心を治める要《かなめ》にあるものです。苦しいからと言い訳をして手抜きするものではありません。陰ひなたなく働くことは、無駄にはなりませんから。

㋩と㊚のこころ

学　どうして恥を行動の基準にすると、人生航路の舵になるのですか？

親方　これまで君は、耳が赤くなるような恥ずかしい経験はなかったかね？

学　いっぱいあります。嘘がバレた時とか、畑のものを盗んで人に知られたとか……。

親方　そのようなことが明るみに出た時にはどうしたのじゃ！

学　ゴメンナサイ！2度としませんからと謝りました。

親方　過《あやま》ちは誰にもひとつやふたつはあるものじゃ。しかしのォ〜、反省した後にまた同じことを繰り返す。

学　ハイ！反省したことを忘れて、心をゆるめて同じようなことをしたことも……。

親方　悪い行いをした時には恥ずかしいと……、自分の心の中で恥ずかしい行いはしないと言い聞かせるとのォ〜、深く反省するようになるものじゃ。そして少しずつ行動が改められる。だからじゃ、恥ずかしい行いは、自分を正す物差しになる！油断してはいかん！

学　今の時代は、恥ずかしくないのかねぇ～ということが多すぎます。警察官が自分の奥さんや子どもまで殺すなんて……。

親方　最も恥ずかしい行いは、人を殺《あや》（危）めることじゃ。先祖代々つないできた命をこの世から抹殺することだからじゃ。

学　国や県のリーダーは、自分に縁のある人には利益を与えても良いのですか？

親方　指導者たる者は、民の為になることを考えるものであってのォ？身内の利益の為に便宜を図るものではないわい！

学　証拠がない！嘘がバレなければ良い！という風に見えますが……。

親方　嘘を堂々と何度も言えば、本当のように見えるものじゃ！しかしのォ～、いつかはバレるものだと心得るが良い！

恥と同じ意味を持つ漢字には、①羞《は》じる、②慙《は》（慚）じる、③愧《は》じるがあります。①の漢字には「羞恥心《しゅうちしん》」があり、初恋の人に会って身の置き所がなくなった時などに使われたりします。

②と③の漢字をつなぎますと「慙愧《ざんき》」になり、自分の行いの結果、親友が自分から離れてしまった時などに「慙愧《ざんき》のいたりです」と自分を恥じて、深く反省した表現としてよく使われます。また「慙愧《ざんき》」とは反対に、厚かましく恥知らずで反省しないことを「厚顔無恥《こうがんむち》」と表現しています。このような人は「ツラの皮が厚く、カンナで顔を削っても血も出ない人」とたとえた先輩もいる程です。

このように「恥じる」には、「深く反省する」と「恥を恥とも思わない」のふたつの面があります。フランスのことわざに「恥ずべき行いは怠惰《たいだ》にある」があるそうで、怠惰とは「怠《なま》けて心がゆるみ、慎みがなくなること」で、親方の「油断するな＝心をゆるめるな」に通じています。

「恥じるこころ」は、アジアに共通する感性ですが、時代と共に廃《すた》れ、昨今では自分の行動を戒める舵にはならなくなっているようにさえ思われます。

その2(ふ)の「誠」について

人生航路の方向と渡り方を決める時、目標とするもののひとつが「恥」でした。恥は「……我肝《わちむ》治《うさ》みゆる要《かなめ》所《どぅくる》＝自分の心を治める要にあるもの」の意味から位置づけましたが、その理由は、人生の目標や基準とするものでした。

この他にもあるのではないか？と肝歌の内容を吟味してみますと、基準や目標とするものに相応しい歌がありました。それが(ふ)の「……誠《まくとぅ》ゆい外《ふか》に神《かみ》やねさみ＝誠以外に基準とするものはない」でした。なので人生航路の目標とするものの2番目に「誠」を据《す》えました。

誠の意味は（①まこと・まことにする、神に誓う、②まごころ・純粋なこころ、③つつしむ・つまびらかにする）などです。

(ふ)には、誠の心で何をすれば良いか？

フト考えて(と)を配しました。

ふととの組歌

肝 歌（ふ）	組 歌（と）
仏神《ふとぅきがみ》すてぃん（仏や神であっても）	年《とぅし》ぬ寄《ゆ》てぃていやい（年をとったからと言い訳して）
肝《ちむ》ぬ上《いー》ぬ捌《さば》ち（心の善し悪しを判断するのは）	徒《いたぢ》らに居《う》るな（無駄に日々を過ごすな）
誠《まくとぅ》ゆい外《ふか》に（誠以外には）	一事《ちゅくとぅ》どぅんすりば（何かひとつ実行すれば）
神《かみ》やねさみ（神はない・基準はない）	為《たみ》どぅなゆる（為になる）

意訳

仏や神であっても、心の善し悪しを判断するものさしは、誠以外にはありません。誠の心は天に通じて形になって現れます。年をとったからと言い訳して無駄に日々を過ごさないように。誠の心で何かひとつでも実行すれば、自分にも世の為にもなりましょう。

肝歌ⓕの解釈について

親方はⓕの肝歌で「……誠ゆい外に神やねさみ」と心の善し悪しを判断する物差しは、誠以外にはない！と断定しています。意訳するのは困難を極めましたが、『字通』からその根拠となったものを探すことができました。それは中国の古典『大学』から生まれた4字熟語の「格物致知《かくぶつちち》」にありました。

この4字熟語を一字ずつ分解して意味を並べますと以下のようになります。

格……①いたる・きたる、②からむ、③ただす・神意によってただす、④のり

物……①もの、②もののしるし・はた、③すべてのもの・存在するもの

致……①いたる・いたす、②おとる、③まねく・召す、④きわめる・つくす

知……①知る・あきらかにしる、②さとる・みわける、③おさめる・したしむ、④ちえ・ちしき

それぞれの意味を取り出します。

格（神意によってただす）、物（存在するすべてのもの）、致（きわめつくす）、知（知恵や知識→学問）

並びかえて意味をつなぎ文章にします。

「(誠意をこめて) 知恵や知識 (学問) を究め尽くすと、存在するすべてのものを神意によってただすことができる」になります。誠のこころで学問を究めると神が降りてきて、すべてのものとつながることができると……。このことから誠は神意 (神のみこころ) とつながっていると解釈することができ、正に親方が詠った「誠以外に神はいない!」なのであります。

ⓕとⓣのこころ

那覇市の栄町にある居酒屋「うりずん」でのひとコマです。オーナーの故土屋實幸氏が言いました。

土屋 シンキュウ (信久) よ!ものごとはナンクル (どうにか) はならないらしいよ。

上間 どう言うことですか?僕は普通にナンクルナルサー(どうにかなるよ)と使っているが、いけないんですか?

土屋 言葉が足りないらしいヨ!

上間　言葉が足りないって？

土屋　そう！ナンクルの前に言葉が必要らしいよ。

上間　へェ〜……ナンクルの前にですか？一生懸命？

土屋　もっと良い言葉があるってサー、先輩が言うには。

上間　何ですかねぇー。

土屋　マクトゥソーケー（誠の心で対応すれば）ナンクルナインだってよ！アッハッハー。

あっけにとられながらも、腑に落ちました。「良い言葉をもらったなァー」と。**マクトゥソーケー・ナンクルナイン**（誠の心で行動しておれば、どうにか形になる）

これこそ正に「至誠通天」であり、誠に至れば、天に通じて形になる！ということではないか！沖縄の寄言にもこのような広がりのある言葉があったとは……と。沖縄のご先祖様に感謝し、愉快な気持になったひと時でした。

誠についてまとめます。

「年を取ったからと言い訳をして、自分を怠けさせるものではない！誠の心、嘘や偽りのない正直な気持ちで何かひとつでも実行すれば、子や孫の為だけでなく社会の為にもなる。誰にでもひとつぐらいは得意な分野があり、どんな小さなことであってもその経験を生かして実行すること。これこそが自分のリタイヤー後の人生を輝かせるものになる」

ⓕとⓣの親方のメッセージであります。

その3 ⓒの「飾(美)」について

人生航路の方向と渡り方とを決める時に、目標とするのはその①恥ずかしいことは何かを考える、その②誠のこころをモットーにする。このふたつだけで良いのだろうかと立ち止まりました。半年ぐらい悩んでいる時に浮かんできたのが、「チューヤ(人は)チムヂュラサ(心が清く美しく)ネンネーナラン(ないといけない)」という祖母の言葉と『琉球国旗の巴旗』(金城唯仁著)の美・仁・柔でした。

この本によりますと「美は、民衆の生活から生まれた〝身持美《みむちぢゅらさ》〟というもので、心は清く美しく、立居ふる舞はしとやかで男女のたしなみとして、善に勝るものとされた。美ほど権威を保ち愛されたものは他にない」と。

また那覇市の松島小中学校の児童生徒に対して、毎朝、交通安全指導をしている仲村渠さんいわ曰《いわ》く、「亡くなられた伊江朝雄先生から美・仁・柔の色紙を頂いた。わが家に飾ってあるよ」と。驚きました。どうして『琉球国旗の巴旗』の言葉を伊江氏が使ったのかと。信じられませんでした。物語だけの話ではなかったのだと。

この「美」は、文字の書けた王族を中心に大切にされ、庶民にも〝身持美〟として伝えられたものに違いないと確信した瞬間でした。伊江氏は王家の末裔《まつえい》なのです。それで「美」こそが人生における至高の目標だろうと肝歌を入念に調べてみますと、打ってつけの歌がありました。それは㋙の

「……肝《ちむ》ぬ持《む》てぃなしどぅ　飾《かざ》いさらみ

＝美しい心の姿こそ飾りに相応しい」でした。

飾りには（きよめる・うるわしい・輝く）などの意味があり、それは清ら（きよめる・きよら）も同じであり、また美（うつくしい・たのしむ）にも通じるものです。それで「美」を4段階のその③に位置づけましたらピッタリとはまったのです。

ⓒの肝歌には、親方の時代には想像すらできないような人間平等を詠っているⓦをセットしました。

㋙と㋾の組歌

組歌(を)	肝歌(こ)
男《をぅとぅ》生《くう》まりてぃん（男に生まれても・男でも） 女《をぅ》生《んなう》まりてぃん（女でも） 油《ゆ》断《だん》さん者《むぬ》どぅ（油断しない人が・手抜きしない人が） 我《わ》身《み》や持《む》ちゅる（自分の生活を維持できる）	黄《く》金《がに》差《さ》ち居《う》てぃん（金の簪《かんざし》をさしていても） 銀《なん》差《じゃ》ちうてぃん（銀の簪をさしていても） 肝《ちむ》ぬ持《む》てぃなしどぅ（気品のある美しい心こそ） 飾《かざ》いさらみ（飾りにふさわしい）

意訳

王族や上級士族は、金や銀の簪《かんざし》を挿《さ》していますが、これは表の飾りです。男でも女でも油断せず手抜きしない人が、自分の人生を維持できるのです。気品のある美しい心の姿こそが、人の飾りにふさわしいものです。

ⓒと⓪のこころ

学 親方は、どうして金や銀の簪《かんざし》は表の飾《かざ》りだと身分を否定するような歌をつくったのですか？身分制度は親方が中心になってつくったのではありませんか？

親方 そう言われると面目ない。ワシが中心になって制度にしたものではある。

学 ホントに金や銀の簪で身分を決めたのですか？

親方 そうじゃ！金は王様や王族、按司《あじ》、銀は親雲上《ぺーちん》以下から筑登之《ちくどぅん》までというようにの？

学 そんなア……簪で身分をですか？

親方 そうなんじゃが……あまりにも情《なさけ》なくなってのォ〜、このような歌を創らねばならなかった。

学 何が情なかったのでありますか？

親方 御殿《うどぅん》や殿内《とぅんち》の者だからと言うてのォ〜、その身分さえあれば食うには困らぬとな？グシク勤めを疎《おろそ》かにする者が多かったのじゃ。

学 御殿や殿内の人は、そんなに高い身分だったのですか？

親方　御殿と言うのは、耳切《みみち》り坊主《ぼうじ》のわらべ歌にもある大村御殿《うふむらうどぅん》のようにじゃ、王族や按司以上のお屋敷のこと、殿内は上級士族の家のこと、王府の指導者なのだがのォ〜……。

学　そのような身分の高い人たちなのに、怠惰な暮し方をしていたということでしょうか？

親方　民・百姓があってこその王府じゃ、民が苦しい思いをしておるのを黙って見ておる訳には参らぬ！

学　激励する為に、心の美しい姿こそが大切だと諭されたのですか？

親方　地位ある者は、民・百姓のことを考えよ！とのォ〜？

学　それで親方は筆入れのフタに「民の油を搾《しぼ》る勿《なか》れ」と書かれたのですか？

親方　自分への戒めとしての？

学　親方は、男も女も油断しない者が生活を立てることができると……これは男女平等ということでしょうか？

親方　男も女もなし！皆同じ人間なのじゃ。人は身持《みむ》ち美《ぢゅ》らさ、肝美《ちむぢゅ》らさと言うての？清々しく気品のある行動をせねばならんのじゃよ。

学　あの当時は、男が偉くて女は下だという時代でありましょう？なのにどうしてそのような考えができたのですか。

親方　清の国は大きくて民が多い。お江戸も華やかじゃ。しかしの？わが琉球は小さい。上も下も、男も女も皆が協力しなければ立ち行かぬのじゃ！

「美」のまとめ

「地位や家柄というものは、表の飾りであって大切なのは心の姿にあります。男でも女でも分け隔てなく、自分のやるべきことを怠けずにやり抜くことが生活を保ち、良き人生を送ることができるようになるものです。心の姿は、常に清々しく気品ある美しさを目ざすのです」

㋙と㋾の大意をまとめましたが、美しさを求める場合には、遠くを見ること。5年後10年後、それでも駄目なら一生をかけて、自分の理想とするものの実現に向けて行動することだと私は思っております。

親方は、㋙と㋾で心の美を求めて生きよ！㋙㋾せよ！とメッセージを伝えています。

ところでアメリカの独立戦争（1776年）、フランス革命（1789年）の50年以上も前

に男女平等を唱えた親方の先見性、惚れぼれします。沖縄にこのような目標を創り出した親方は、もっと注目されてしかるべきです

4段階の「恥」「誠」「美」まとめ

親方は「恥」「誠」「美」を日常生活のテーマにして、自分の人生の行動基準や目標にするように！と。

①恥ずかしい行いとはどういうことか？逃げずに日々考えること。

②誠の心を尽くして嘘や偽りのない行動をすれば、天に通じて形になる。また定年退職後は、自分の得意分野を生かしてささいなことでも社会貢献すること。

③美しく清々しい心の姿は至高のもので、「身持ち美《みむ》らさ《ぢゅ》」を考え続けること。

３００年前に考えたとは思えないぐらい、今でも光り輝いている行動目標です。しかし、森友・加計両学園のいきさつについては、厚かましく堂々と嘘を言い続けるリーダーの姿や腹黒く人を騙したり、自分さえ良ければ人は関係ないとする社会風潮の中では、親

方のメッセージを実行するのは困難を極めましょう。が、しかし、「マクトゥソーケー・ナンクルナイン＝至誠通天」を貫いて生きたいものです。親方は、次の5段階で具体的な行動について展開していきます。

なかゆくい（ひと休み）5段階に行く前に！

4段階の基準は(恥)(誠)(美)でしたが、これを数字にすると3個になります。この3が気になって数に秘められた意味を調べてみますと、3の数字は調和とか安定、神聖なものとありました。3の数は沖縄では、古い時代から大切にされてきた数字でした。例えば※聞得大君《きこえおおきみ》の神女組織は、大君を頂点にしてその下には3名の※大《おお》アムシラレがいます。大アムシラレの下には、それぞれ3名の※根人（ニーンチュ）がおり合わせて9名という風に3の数字を基礎としています。また台所に祀《まつ》る※「火の神＝ヒヌカン」には、3個の石を置いたり3個の碗にご飯を盛って拝み、

※ウミチムン（3つのもの）と称されています。このように沖縄にはまだ3の数字に重きをおいた神秘的な儀式が残っているのです。

親方の肝歌は、この伝統を手本に、3の数字をベースにしているのではないか？と思って肝歌を様々な角度から見比べてみますと、興味深いことが判ったのです。

例えば「宝さらみ」「地幅さらみ」「飾いさらみ」とサラミソーセージが3個、また「我肝磨き《わちむみが》」「我肝責みり」「我肝恨み」とワチムが3個、更に「神やねさみ」「益やねさみ」「下手やねさみ」のようにねさみが3個ずつ並んでいるのです。これは正に聞得大君の神女組織そのものと言うべき構図になっているのではないかと……。

※

聞得大君《きこえおおきみ》（王族の女性が任じられ神女の頂点に立つ。尚真王代（1477年）から1945年まで18代
続いた）

※

大《おお》**アムシラレ**（女性の祭司で全地域のノロを統轄した）

※

根人（ニーンチュ、村の御嶽《ウタキ》の神の代弁者で、その地域を治める人のこと・男性。
神託は男性の姉妹が受けた）

※**火の神**（ヒヌカン、台所の神様とか太陽の神などの説がある）

※**ウミチムン**（3つのもの）

昔の沖縄では、煮炊きをする時に3個の石を用意していました。2個は手前にもう1個はその後に置いてカマドを作る。その3個の石の上に鍋をのせて火をくべていました。おそらく古代においてもこのような方法で煮炊きをしていたことからこの呼称が生まれたものと思われます。

5段階では、この3の数字に注目して、肝歌をセットします。どのような肝歌を据えつければ良いか？22首の肝歌の中からこれまでにセットした歌は7首。残りは15首。この中から恥・誠・美に相当する歌を探さねばなりません。親方のクイズにこたえるようなもので300年前のパズルが解けるかどうか、ワクワクしながら宝探しを始めました。

5段階のパズルを解くヒント

親方の22肝歌の秘密を解き明かすのに最も難しかったのが5段階でした。どのような構図になっているのかさっぱり見当がつかなくなっている時に、目に飛び込んできたのが『琉球《りゅうきゅう》千草之巻《ちぐさのまき》』（慶留間知徳著）のいろは歌のコピーでした。コピーしたいろは歌の冒頭には聞得大君の神女組織の図があったのです。以下の通りになっていました。

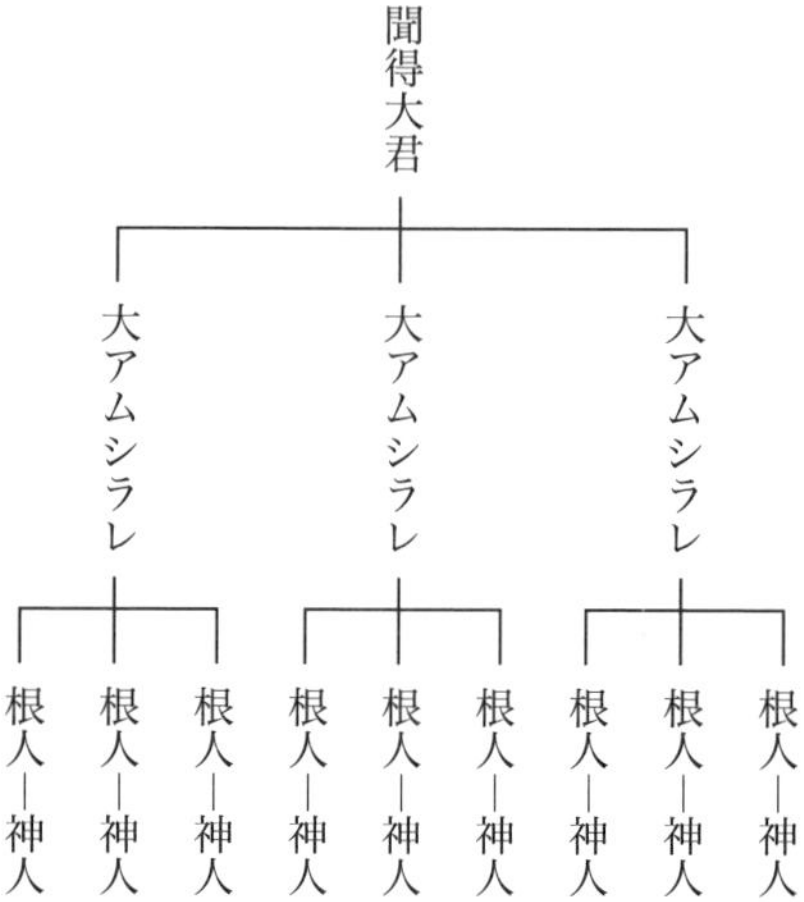

この3名の大アムシラレのところにそれぞれ恥・誠・美を入れたら面白そうだ。いろは歌のコピーの余白にこの図があったのは、これも何かの暗示に違いないと閃いて先ずは、と当てはめてみたのが以下の図です。

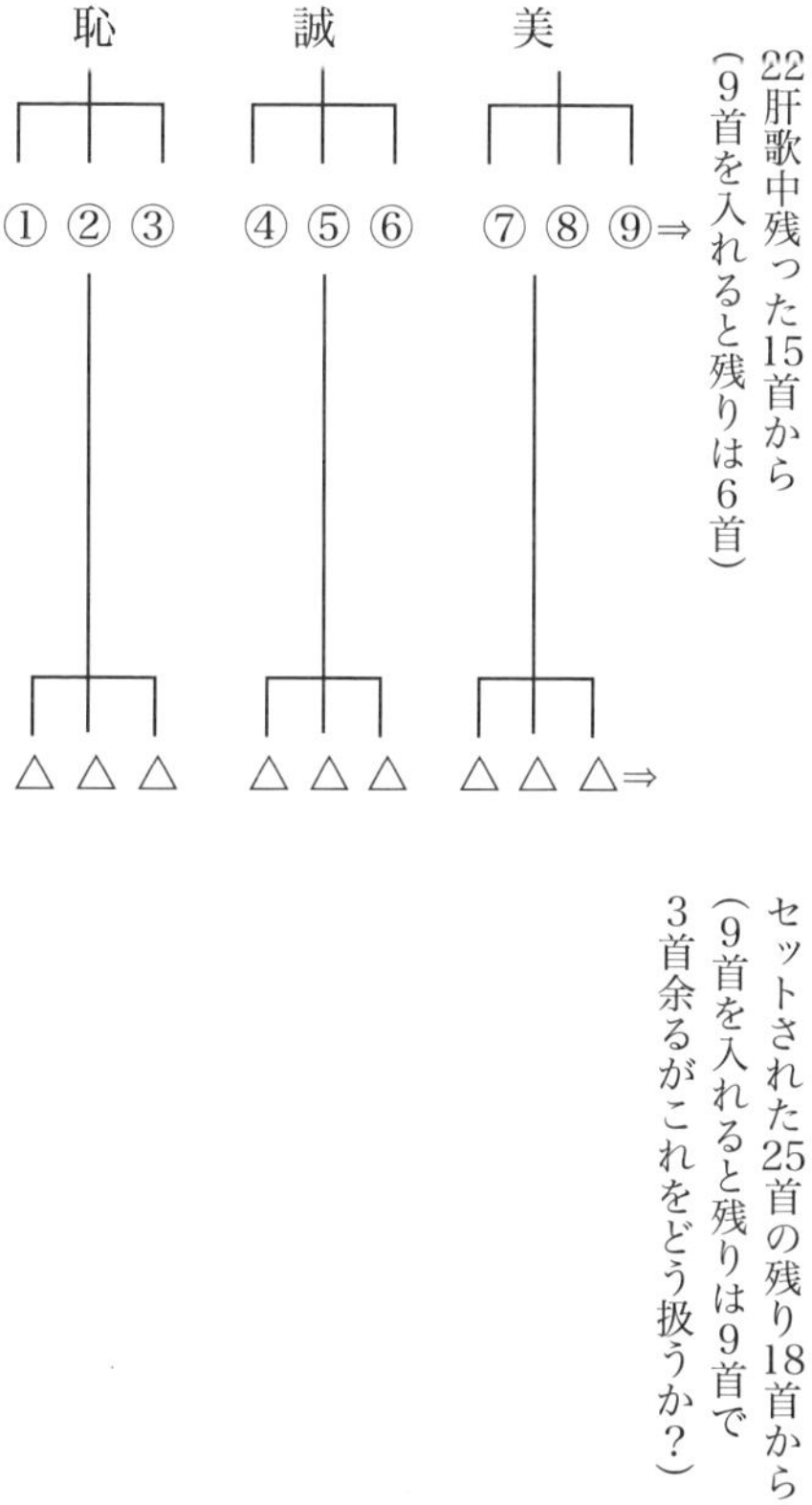

①〜⑨の肝歌とセットになっている25首は、共に恥・誠・美の具体的な行動指針になります。22肝歌と25首とがどのような組歌になっているのか?歌の意味や順番などを参考にしながらゲーム感覚でパズルをはめ込みます。正解を求めて知的冒険の旅に出かけましょう。

第5段階

テーマ「恥ずべき行い」(の)(あ)(き)3首

神女組織などから得た直感に従って、恥・誠・美に果たして肝歌が3首ずつ配置されているのか？先ずは親方が恥ずべき行いだと指摘している「恥の部」を洗い出してみますと、やはり3首ありました。それは、

(の)能羽《ぬはに》ある者ぬ　肝《ちむ》高ぬ者や　花ぬ咲《さ》ち出《ぢ》らぬ　枯木心

(あ)遊《あし》び戯《たわふ》りぬ　肝に染《す》でぃからや　意《い》見寄《ちんゆ》す言《くとぅ》ん　益《えき》やねさみ

(き)肝ぬ根《に》ぬ責縄《しみな》　廉《す》相《そ》にしちからや　手墨《てぃしみ》学問ぬん　化《あだ》どぅなゆるの3首でした。

どのような行動をしている人なのか要約しますと、

(の)才能があって家柄が良いと自慢する人

(あ)色恋遊びが習慣になった人

(き)何の為に学ぶのかを疎かにして知識を積んだ人

今でこそ国民は、教育を等しく受ける権利がありますが、あの当時の民、百姓は学問をする機会に恵まれていませんでした。なのでこの3首は、いずれも首里王府の役人に対して詠われたものです。

この歌の内容をよく考えてみますと、当時の王府役人の空気がいかにゆるんでいたかを察することができます。親方にとっては我慢の限界に近づいていたとさえ思われます。これら㋨㋐㋖の肝歌に配された25首は何か?見つけ出すことができますと親方の心境がもっと明らかになる筈です。目的のものを見つけてみましょう。

1番目の「自慢する事」㋨と㋪の組歌

この歌の中心になっているものは、「才能があると自慢する」でこれに相当する歌は25首の中から㋪を選びました。

のとひの組歌

肝歌(の)

能《ぬ》羽《はに》ある者《むぬ》ぬ　(才能があって家柄が良い人で)

肝《ちむ》高《たか》ぬ者《むぬ》や　(高慢な人は・思い上がる人は)

花《はな》ぬ咲《さ》ち出《ぢ》らぬ　(花の咲かない)

枯《かり》木《き》心《ぐくる》　(枯れ木のこころ)

組歌(ひ)

人《ふぃとぅ》や物《むぬ》毎《ぐとぅ》に　(人はものごとに・どんなことでも)

我身《わん》勝《まさ》りとぅ思《む》てぃ　(自分がすぐれていると)

自慢《じまん》する者《むぬ》や　(自慢する人は・威張る人は)

馬鹿《ばか》どぅなゆる　(馬鹿になる)

意訳

才能があって家柄が良いとして思い上がる人は、花の咲かない枯木のような心の人です。またどんなことでも自分が優れていると自慢する者は、馬鹿者と言うしかありません。

㋨と㋪のこころ

㋨の肝歌には、親方の切なる想いが込められており㋪が組歌になっています。「才能があって家柄も良いが高慢である」「どんなことでも自分が一番だと威張る」「このような人は貧苦にあえいでいる民の実情を知らないばかりか人情もない。傲り高ぶっている！この馬鹿モンが」と。おだやかで沈着と評される名護親方にしては、信じ難いほどの厳しい言葉となっています。

一体！何があって親方をこうまで言わしめたのでしょうか？問題の根元は、首里王府にあったに違いありません。時代背景を調べてみました。

あの当時、家柄も良くすばらしい才能を発揮していた人は誰か？です。その人こそ平敷屋※朝敏であり、彼以外には考えられません。「朝敏は、若衆《わかしゅ》時代（元服する前）に王様の執務をする下庫理《しちゃぐーい》という部屋で仲間たちと王様のお手伝いをしていました。王様は、若衆たちがあまりにも酒色に溺れているのを見かねて、火に入らば焼けると知りながら、あさましや酒と色（見苦しい程の酒色だ)」と貼紙をしました。

これに対して平敷屋は「誰《た》んぬ狂者《ふりむん》が筆取《ふでぃとぅ》やい書ちゃが昔から酒や恋ぬ手引（どこの阿呆が書いたのか、昔から酒は恋の案内人と言うではないか)」と歌を返しています。」(「名護親方程順則評傳」真栄田義見著より)

城勤めをしていた親方は、このやり取りを良く知っていて、「朝敏よ！おごるでない！」と詠ったように思われるのです。

平敷屋朝敏について

学君と親方の会話です。

学　朝敏さんは何がそんなに勝れていたんですか？

親方　和歌や琉歌の才能！それだけでなく王家の一族！名門の出じゃ

学　王様の一族で和歌までも……。日本語もできたのですか？

親方　そうじゃ！子どもの頃から和文学の手ほどきを受けておる。

学　首里王府では、和歌も必要だったのですか？

親方　あの頃はのォ〜、江戸上りがあったのじゃ。そのような教養も必要としておった。そうじゃのォ〜、わしが江戸上りをした年（1714年）に、あやつも楽童子《がくどうじ》※として一緒じゃった。まだ14歳だというのに日本語がうまくてのォ〜。あの歳の者では右に出る者がいなかった。

学　親方は、その能力をかっておられたのですか？

親方　そりゃーもちろん、そうじゃ！島津公や江戸表での対応や接遇にじゃ、これから貴重な才能を発揮してくれるとな？期待しておった……じゃが……。

学　親方の注意に耳を貸さなかった。色恋が何故悪い！と……。

親方　そうじゃのォ〜、あの頃の王府にはグシクンチュ※と言うての？大奥の手伝いをする結婚前の女たちがおった。

学　大勢いたんですか？

親方　40〜50名ぐらいは居ったろう。その女たちは月に数回もじゃ、宿下りを許されておった。

その女たちに一番評判が良かったのが、朝敏じゃ、家柄も才能も申し分なし、しかも男っぷりも群を抜いておった。それにいい香りがしておったと言うてのォ～。

学　モテ・モテのキムタクのような男だったと……。

親方　憎い程じゃ！こんな歌も詠っておる！他所目恥《ゆすみ》しゆな　グシクミヤラビヌ　ちゃんならん2人《たい》や　ままどぅやゆる！とのォ～。

学　どういう意味ですか？

親方　他人の目を気にするでない！私の可愛い女よ、どうしようもない2人ではないか、恋の道を突き進むだけだ！とな？

学　今でも通じる、自由恋愛ではないですか！

親方　だからじゃ！時代を考えよとのォ～、思い上がるのもほどほどにとな？

※
平敷屋朝敏《ひしちゃちょうびん》（1700年～1734年）
うるま市平敷屋の地頭職。尚敬王妃が朝敏を慕い、彼の家を訪ねて密会したとの嫌疑がかけられるほどの評判があった。しかしその後、家屋敷は没収されて処刑された。

※

グシクンチュ　王府の大奥で働く未婚の女性たちのこと。

「いつの頃か王府の局《おつぼね》の女たち（グシクンチュ）は、互いに間男を持ち、月に数回宿下りを許される習慣があった」～『名護親方程順則評傳』真栄田義見著より～

※

楽童子《がくどうじ》　江戸上りの時に女装して舞楽を演じたり、詩歌や書にも優れた素養があった。王府の上級士族の子弟から選ばれた。元服前の美男の若者たちで外交使節としても重要な役割を担う。
朝敏は、14歳、18歳の2回に亘って使節の一員として上京した。

※

朝敏のいい香り　香料を詰めたいい香りのする匂い袋を身に着けていたのではないか？彼は上京の折に日本伝統の香りの効用に気がついたと思われます。

古今和歌集には

「五月《さつき》待つ花橘《はなたちばな》の香《か》をかげば
昔の人の　袖《そで》の香ぞする」

という歌があり、和歌の得意な彼が知らなかった筈はありません。香りは、万葉の頃から大切な身だしなみのひとつだったのです。花橘は柑橘系の香り。

2番目のあ「リーダーが酒色に溺れること」

親方が恥の2番目に位置づけたのは、あの歌であり、「恥ずべき行い」を注意した相手は、けの歌の「按司《あじ》ん下司《ぎし》ん」という言葉から王府のリーダーたちであることが明確になりました。「按司《あじ》」は、古い系譜がある地方の支配者で王族の分家で王子の次に位置した身分の高い位の者。尚真王の時代に中央集権化を進める為に地方から首里に集められた。いろは歌ができた頃は、首里に住む都市貴族。「下司《ぎし》」は、地頭職にある上級士族のこと。「親方」は、士族に与えられた最高位の呼び名で名護親方もこれに相当。

当時の首里王府内には、酒色に溺れ風紀を乱す王族や上級士族が多かったことがあの歌で分かるのです。前掲しました真栄田義見の著書には「縁故就職の首里王府は、女色におぼれてだらしがなかった国文学者が多かったようである」との注目すべき記述があります。

翻《ひるがえ》ってみますと、この歌は現代にも当てはまるもので、政財界をはじめ官僚の周辺にもこのような出来事がニュースにならない日はないぐらいの状況です。昔も今も大きな変わりはありません。

「世のリーダーたちよ!酒色に溺れないように心せよ!」と。親方からのメッセージであります。親方があに与えた組歌はけです。

㋐と㋘の組歌

肝歌(あ)

遊《あし》び戯《たわふ》りぬ　（色恋に溺《おぼ》れて遊び浮かれる）

肝《ちむ》に染《す》でぃからや　（心に染まってからは）

意《い》見寄《ちんゆ》す言《くとぅ》ん　（人の意見や親兄弟の言葉も）

益《えき》やねさみ　（役に立たない）

組歌(け)

怪《き》我《が》ぬ源《みなむとぅ》や　（けがの原因は）

酒《さき》とぅ色《いる》好《ぐぬ》み　（酒と女遊び）

朝夕《あさゆ》思詰《うみちみ》り　（朝に夕に考えなさい）

按《あ》司《じ》ん下《ぎ》司《し》ん　（王族も上級士族も）

意訳

色恋に溺れて遊び浮かれることが心に染まってからは、人の意見や親兄弟の注意も役には立ちません。ケガの原因は酒と女遊びにあります。王族も上級士族も朝に夕に考えるようにしなさい。

㋐と㋘のこころ

「遊戯り《あしびたわふ》」は、遊と戯の2字を調べると訳ができるようになっています。「遊び」は（あそぶ・まじわる・ほしいままに・きままにする）で、戯は（たわむれる・あそぶ・からかう・たたかう）などの意味があり、この2つをまとめますと「欲しいままに遊び戯れる」となります。

また同じように「肝」は（こころ）で染は（そまる・しみる・色をつける・うつる）ですから、まとめますと「心に染まってからは……転じて慣れ親しむ」になります。「意見」（他人の意見）で「寄す言ん」は（身内の注意）となり、益（ます・もうけ……転じて役に立つ）ねさみ（否定形で～はない）という風に親方は、漢字の意味を調べさえすれば島言葉が判らない人でも訳ができるように気を配っています。

親方は㋐と㋘の2首で「王府のリーダーたるものは、やるべき仕事がある。酒色に耽《ふけ》り遊び戯れるとは何事だ！民・百姓は塗炭《とたん》の苦しみにあえいでおり、民を幸せにすることがリーダーの役割ではないか。酒色にうつつを抜かしておると大怪我をしますぞ。親兄弟や人の意見を聞かないのは、嘆かわしいことだ」と溜息をついています。

あの当時、一世を風靡《ふうび》したのが平敷屋朝敏の作といわれる『苔《こけ》の下』と『手水《てみず》の縁《えん》』の2作品です。

『苔《こけ》の下』は辻遊郭《つじゆうかく》の女と首里の按司が恋仲になり、女は辻から身売りされることを嘆いて自死するという物語で、女に詠《よ》ませた辞世の句は、「君問わば　いまわの際《きわ》の夕べまで　露《つゆ》忘れじと　萩もススキも」と見事なもので、この手腕は、万葉を偲ばせる名句となっています。

また『手水《てみず》の縁《えん》』は、道ならぬ恋に陥った男女が、親の反対を押し切って駆け落ちし、ついには結ばれるという筋立てで、当時の厳しい身分制度の社会では「あってはいけない危険な物語」でありました。

しかし、当時の若者たちにとっては、目を開かせて、夢見ごこちにさせる物語であり、この人気が続けば王政そのものさえも揺るがしかねない状況にあったと推察できるのです。ところがこのような行き過ぎた風潮は、蔡温が三司官に就任することによって状況は一変します。

「女色を好み、風俗を乱した者」に対して刑罰が科されるようになったのです。違反した者は、士族は公職につけない。百姓は市中引き回しの上、鞭20回というものでした。

これから薩摩や王府にとって、平敷屋らの和文学者は要注意人物としてマークされたのは言うまでもなく、この後、琉球王府始まって以来の陰惨な事件が待ち受けているとは彼らは知る由もありませんでした。

「女色に溺れだらしがなかった国学者」の代表格とされていたのが惣慶忠義《※そうきちゅうぎ》で、一族は何を察したのか、彼を王府に告訴するのです。しかも蔡温が三司官に就任した翌年の1729年にです。実に見事なリスク管理であり、凄味さえ感じさせます。一族の長老と忠義との問答を物語にしてみました。

見事なり！惣慶一族

長老　君ら和文学をたしなむ者たちは、蔡温を強く批判していると言うが本当かね？

忠義　本当も何も、あれだけ久米の漢学者を重用して、首里の伝統を無視するのが許せないんです。

長老 君は蔡温の申し出を、王府の役職につけてあげるという申し出を拒わったではないか。

忠義 彼の下で働け？そんな懐柔には乗れませんよ。

長老 君らは、酒色にうつつを抜かしておるではないか！それが和文学を志す者の仕事か？

忠義 酒色こそが文学を生み出すものでありましょう？色恋沙汰もなければ良い歌も生まれないでしょうに。

長老 そのような態度で王府の仕事が勤まりますか？今度、三司官になった蔡温は、仏のような名護親方とは違うぞ！

忠義 それはどういうことでありましょうか。まさか、たかが色恋沙汰でお家とりつぶしというわけでもありますまいに……。

長老 王府の風紀が乱れておる！薩摩の在番奉行も統制がきかなくなると警告を発しているそうではないか！このような話がワシの耳にも入っておる。

忠義 それで酒色を断て！と言うんですか？そう言われてもこれは首里のサムレーのたしなみではないですか？

長老　わが一族の運命がかかっておる！と思ってくれ。蔡三司官をあなどるではない！一族の為にワシの言うことを聞いてくれ！
忠義　どうせよ！と言うのですか？
長老　逃げるのだ。姿を隠すのじゃ！一時避難だ！
忠義　一時避難？どこへ行けと言うのですか？
長老　島流しをお願いする。一族の為じゃ。
忠義　島流しをですか？どこの島に……。
長老　それはおかみが決める。一門から王府に対して島流しにしてくれるよう告訴する。
忠義　告訴ですか？43歳のこの私をですか？
長老　そうじゃよ！そうでもしなければ蔡の目は誤魔化せぬ。忠義には一族も手を焼いておる。酒色に溺れて言うことをきかぬ。門中からつまはじきされているとな？そう言うてじゃ。
忠義　同意しなければ？
長老　ゆくゆくはお家の取りつぶしになりかねぬ。そうなってからでは手遅れなのじゃ。同

意しなければ一族の縁を切る！

忠義　縁を切るですと？これだけ惣慶《そうき》の名を高めてきたこのワシをですか？

長老　それぐらいの覚悟が必要なのじゃ。な〜に2、3年の辛抱じゃよ。良いな？同意するのじゃ。君が生きのびる為にも、わが一門が生きのびる為にもそれが必要なのじゃよ。

彼は一門の告訴が受理されて八重山に流罪になります。その時に詠んだと思われる和歌があります。

「憂《う》き節《ふし》の　数《かず》ぞ身に添《そ》う　呉竹《くれたけ》の

千代もと言いし　人に別れて」と。

琉球の36歌仙に名を連ねるだけあって秀逸です。私なりに訳しますと「この身に辛く悲しいことがいくつあっただろう。数えきれないくらいだ。ずっと一緒だよと語り合った人（妻か恋人か）に別れて行く淋しさよ」と。節にかけた枕詞である「呉竹」の使い方など信じ難い程、手練れています。しかし彼は、3年後には「流罪」を許されて惣慶の地頭職にちゃっかりと復帰しています。

※
惣慶忠義（1686年〜1749年）
現在の宜野座村惣慶の地頭職。琉球36歌仙のひとりで琉歌、和歌に勝れた和文学者で、平敷屋朝敏が彼の家の床下に忍び込んで学ぶ程の実力者といわれる。
「蔡温は、国学者の頭領・惣慶の登用を試みたが……（略）地位権力を軽視する硬骨漢の惣慶を動かすことはできなかった」『蔡温・伝記と思想』〜真栄田義見著より〜と言われるような人であった。

3番目の㋖「学ぶ基本を忘れること」 和文学vs漢学

5段階の恥ずべき行いを詠った㋨㋐㋖の3首は、すべて首里王府のリーダーたちに向けて創作されています。親方がどのような姿勢で行政に臨んでいたかを窺《うかが》い知ることができるのです。

親方がいろは歌を作った1710年代以降の社会状況は、年貢を納めるこれまでの慣習に加えて、前述の『苔の下』の物語にあるように、貨幣による取引が浸透して貧富の差が拡大した時代でした。この時代に士（サムレー）と百姓は分離され、士族は首里、那覇に住むように義務づけられたのです。しかし仕事がなくその結果、「百姓の仕事であった絵師や庖丁（料理人）、船頭までも士族が従事するようになった」のです。それでも解決策にはほど遠く、士族は中・南部をはじめ北部などに移動して屋取※（ヤードゥイ）を形成するようになります。

このような時代背景のもとに、中国から史上最大規模の冊封使一行が琉球に派遣され大事件が起きるのです。

これは1719年に起きた評価※（ハンガー）事件で、冊封使一行649名が持ち込んだ商品は銀2000貫目にも上るボー大なものでしたが、王府には銀500貫目の用意しかなく、一行との間に争いが起きたのです。しかし三司官はこの交渉に対応できずに逃げまわり、国家間の争いにまで発展する様相でしたが、この争いを解決したのが国王の教育係をしていた蔡温なのです。この結果、蔡温は功績が評価され、褒美として親方と同じ三司官座敷（待遇）に出世するのです。親方よりも18年も早い出世です。

(き)の歌には、特別に(り)と(ち)の2首が配されています。親方はこの3首に重大な秘密〜評価事件を背景として創作したもの〜を隠していると思われますので、これをもとに以下の3首を意訳します。

きとりちの組歌

肝歌（き）

肝《ちむ》ぬ根《に》ぬ責縄《しみな》（心を律し拠り所とするもの）
廉相《すそ》にしちからや（疎《おろそ》かにしてしまっては）
手墨学問《ていしみがくむ》ぬん（学んだ知識も）
化《あだ》どぅなゆる（害になる・役に立たない）

組歌（り）

利《り》根偽《くんいちわ》りや（理屈をこねて嘘をつくことは）
芥子《きし》ぬ花心《はなぐくる》（ケシの花のようなこころ）
風《かじ》や吹《ふ》かなてぃん（風が吹かなくても・風がなくても）
落《う》てぃるしじさ（落ちる定め・落ちぶれる運命）

組歌（ち）

知《ち》能才《ぬざ》ある人《ふぃとぅ》や（知恵や能力を生かす人は）
世《ゆ》ぬ中《なか》ぬ手本《ていふん》（世の手本）
朝夕《あさゆ》努《ちとぅ》みとぅてぃ（朝に夕に努力して）
沙汰《さた》ゆ残《ぬく》す（実績を残す）

意訳

心を律し拠り所とするものを疎かにしてしまっては、学んだ知識も世の中の役には立たず、かえって害になります。

言葉たくみに嘘を並べるのは、ケシの花のような心の人です。風がないのに花ビラが散るケシのように落ちる定めにあります。知恵や能力を生かす人は世の手本です。朝に夕に努力を続けて実績を残します。

きとりちのこころ（裏の意訳）

き 肝《ちむ》ぬ根《に》ぬ責縄《しみな》

王族と上級の士族は、社会のリーダーである。リーダーたる役人は、その職分～民の幸せを願うこと～を忘れてはならない。

廉相《すそ》にしちからや

職分を忘れ、心をゆるめて酒色にふけ耽るようになってからは、

手墨学問《てぃしみがくむ》ぬん

学び積み上げた知識は、

化《あだ》どぅなゆる

世の中に害毒を流すようなものだ。

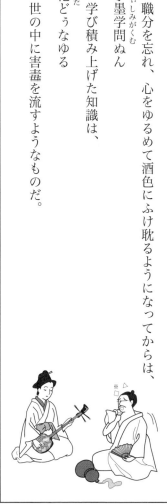

意訳（裏読み）

首里の和文学者である王族や上級の役人たちは、社会のリーダーとしての職分を忘れているのではないか？あなた方の行動は、王府の規律をないがしろにしているばかりか、酒色を讃美し風紀を乱している。和文学の知識をいくら積み上げたって、このような振る舞いをしているのでは、その学問が社会の害毒になっていることを知るべきだ。首里の若い男女は、「身分をこえた恋愛に憧れる」風潮になっているではないか。世は貧富の差が広がっており、わが子を身売りせざるを得ない民・百姓も出ているご時勢だ。

和文学者のリーダーたちの行動は、中国や日本など広い世界で学び王府のあるべき姿を体で感じ取ってきた親方にしてみれば、情ない思いにかられていたと思われます。次のⓡでその姿が浮き彫りになってきます。

ⓡ利根偽《りくんいちわ》りや

理屈をこねて、自分に利がなければ責任のがれをすることや嘘を並べて言い訳することなどもっての外だ。評価事件では、王府のリーダーとは思えない情ない姿であった。

芥子《きし》ぬ花心《はなぐくる》　風《かじ》や吹《ふ》かなてぃん

風がなくても花ビラが落ちるケシの花のように、何事もなかったかのように静かに散る。ケシは人を夢うつつにするばかりでなく、酔わせて中毒になり理性を失わせる。あなたがたの行動はこれと同じようなものだ。

落《う》てぃるしじさ

嘘をついて責任逃れをするのは、王府役人として不適格で落ちぶれて行く定めにあります。

意訳（裏読み）

　1719年に起きた評価（ハンガー）事件では、王府のリーダーたちは、理屈を並べ立てて責任逃れをした。見苦しく王府役人としては相応しくなく不適格と言わねばならない。このようなリーダーは、ケシの花のようなもので、風がなくても散って落ちる定めにありますよ。ケシは和文学そのものであり、人を酔わせ中毒症状を起こして理性を失わせる。よくよく注意するように。

親方は、この(り)の歌で和文学者のリーダーたちに強く警告を発しています。この忠告を彼等は聞き入れたのかどうか？これから和文学者たちの身に何がおこるか不吉な暗示をこめた歌となっています。

王府にとって何が必要なことか次の(ち)の歌で結論が出ています。

(ち) 知能《ちぬ》ざ才ある人《ふぃとぅ》や
　知恵があり、知識を生かして、王府の現状を改革できる者は、
世《ゆ》ぬ中《なか》ぬ手本《てぃふん》
　世の手本になる人です。
朝夕努《あさゆちとぅ》みとぅてぃ
　朝に夕に、日夜努力して
沙汰《さた》ゆ残《ぬく》す
　実績を残す。（蔡温は、評価事件を筆談をしながら解決したと言われており、その実績が

認められ翌年には名護親方と同じ三司官座敷に出世している。この歌はこのことを詠っているものと推察できる）

意訳（裏読み）

中国の実学で学んだものを生かして、王府の酒色でゆるんだ現状を改革し、緊張感があって元気あふれる時代をつくれる人は、蔡温しかいない。彼は、新時代の手本になり改革者になるであろう。王政を担当させれば、日夜努力して評価（ハンガー）事件を解決したように、素晴らしい実績を残すに違いない。

この歌は、王府をどう切り盛りするか？その運営方法をめぐって守旧派（中心は首里の和文学者）と中国の実学派（久米村が中心）との間で大きな認識の違いがあったことを類推させてくれる歌です。

双方が対立する原因となりトリガー（引き金）を引いたのは、1719年の評価（ハンガー）事件にあったことを親方は暗示しています。

※

屋取（ヤードゥイ）

首里・那覇などの都市に住んでいた士族（サムレー）の生活が窮乏した為、農村に移住して形成された集落のこと。この移住によって地方文化の発展に大きな影響を与えた。

※

評価（ハンガー）**事件**（1719年）

中国皇帝の使者が、尚敬王を新国王として認める為に、琉球に来訪。その時に随員が持ち込んだ商品は銀2000貫目に相当するもので、すべて買い上げるよう要求。しかし王府には500貫目の用意しかなく、要望には応じられないと双方が対立。交渉は暗礁に乗り上げたままであった。このままでは国家間の一大事件に発展するとして王府は察温に交渉を依頼。彼は筆談で交渉に当り問題を解決した。通例では、銀500貫目の商いとして双方が暗黙の了解をしていた。

名護親方と蔡温と首里和文学者たち

㋖㋷㋠の歌は、「㋷㋠（理知）ある理性の㋖（気）を働かせて㋖㋷（切り）盛りするのが王府のあるべき姿だ」という風に語呂合わせができ、親方のおだやかな諭しに思われます。

がしかし、親方は㋐の歌で「……意見《いちん》寄《ゆ》す言《くとぅ》ん益《えき》やねさみ」「どんなに注意し諭しても役には立たない」とうた詠《うた》っており、酒色に情熱を傾ける和文学者たちには親方の声は届かず、聞く耳を持たなかったことがこの歌から判断できるのです。

一方蔡温は別の表現をします。

彼が詠《よ》んだとされているあの有名な歌「誹《す》しり誉《ふ》みらりや　世《ゆ》ぬ中《なか》ぬ習《なり》い　沙汰《さた》ぬ無《ね》ん者ぬ　ぬ役立《やくた》ちゅが」は、評価事件の対応を詠《よ》んだものであるとすれば、寸分たがわずに当てはまるのです。驚きです。

意訳しますと「私を陰であれこれ批判したって、悪口を言われたってどうってことはない。それは世の常識というものだ。しかしあの評価事件で首里の和文学者の皆様は逃げてばかりで、解決することができなかったではないか！酒色に耽っている和文学者ごときが何の役に立つか！役には立たない！」と一刀両断なのです。

「歌の背景にあるものは何か？」と考えながら、当時の出来事に照らし合わせてみますと、歌は真実味を帯びて力強く迫ってきます。たとえ記録された歴史の文献がなくても、親方のいろは歌やその他の歌から歴史的事件の真相に迫ることはできるのです。

王府の経営をめぐって、首里の和文学者たちと久米村の漢学者たちとの考え方を会話形式で対比してみます。

守旧派（首里）と改革派（久米村）との対話

首里　王府の伝統は、古くから我々がつくり、文化を守ってきた。

久米　今のご時勢で歌・三弦《サンシン》・色ごとで世の中が救えるのか。

首里　王府を育て維持してきたのは、名門の我々である。

久米　家柄が仕事をしてくれるのか、できはせぬ。

首里　家柄の良い者が三司官になるのは伝統であり、それが掟だ。

久米　縁故を頼りにグシク勤めをしたって役には立たぬ。

首里　冊封使の歓待、薩摩・江戸での舞曲の披露は、我々の役目だ。

久米　今はそんな時期ではない！民は疲弊している。役立つ学問は漢学だ。
首里　芸ごとを磨くのには時間がかかる。疎かにはできぬ。
久米　王府の制度改革をやらねば財政は持たぬ。
首里　中国・日本の客人をもてなす文化をはぐくむのは、首里士族の使命だ。
久米　行政改革を断行せねばならない。
首里　クニンダ（久米村）ごときに何ができるか。
久米　改革を断行するに当っては、久米村の人士を登用する。
首里　我々の既得権を破るというのか。
久米　伝統的な芸能や芸術の教養だけでは、王府の経営はできぬ。ウタキの神を祀ることで民が救えるのか。
首里　国の安泰を願うのが王府の聞得大君だ。君らに組踊がつくれるのか。
久米　あなた方は評価（ハンガー）事件では、及び腰で解決できなかったではないか。改革は断行する。

王府の経営をめぐって、首里の和文学者と久米村の実学を重んじる人たちとの間に大きな考え方の違いがあったことがいろは歌から類推できるのです。

いろは歌の裏にある琉球史

1728年に蔡温は、久米村では謝名親方に次いで2人目の三司官に抜擢《ばってき》され、国事を担うようになります。これまで向《しょう》・翁《おう》・毛《もう》・馬《ま》の姓を持つ名門4家でタライまわしされた三司官の一角に久米村の蔡温が食い込み、王府の改革に乗り出すのです。

一方、首里の和文学者たちにとっては、蔡温の三司官就任はあってはならないことであり、彼等の間に動揺が広がって行きます。和文学者の最年長者である友寄安乗《とうむしあんじょう》を中心に平敷屋朝敏《ひしちゃちょうびん》ら若手の和文学愛好者らがグループをつくり、蔡温の批判を始めるのです。蔡温の様々な改革に反感をつのらせた彼等の行動は過激になり、友寄・平敷屋の2人は薩摩の在番奉行所に文（落書《らくしょ》）を投げ入れる「事件」を起こし、それを島津の役人から王府にどう対処するのだと伝えられるのです。

しかし、この投書の内容が「国家の御難題《ごなんだい》を成さんと工作した」（安乗の親族の家譜より）

とあるだけで一切が闇の中に葬り去られており、推量の域を出ないものとなっています。

「酒色に溺れるのではない。ケガをするぞ！」との親方の声も届かず、1734年6月26日、和文学者15名。友寄・平敷屋はハリツケ、残りの13名は斬首という琉球の歴史上、かつてない重罪に処され、時代から抹殺されて露と消えてしまうのです。

もうひとりの和文学者の雄、あの惣慶忠義の行動はどうであったか？彼は朝敏らが処刑された年の暮れ、12月16日に再び「流刑」になっています。これも一門の告訴によるものなのです。

この情景を長老との会話で再現してみます。

長老　お前の蔡温批判はあまりにも強すぎるぞ。

忠義　強いって言ったって、あの15名の者を打ち首にするなんてむご過ぎるじゃないですか。人のやることですか！いくら何でも。

長老　刑死した者たちをかばい立てしたって、何も生むものはない！今は尚敬王と蔡温の時代になったのじゃ。さからいようがないではないか！

忠義　そんなことを言われましても腹の虫がおさまらない！批判のひとつぐらいやらないと

臆病な腰ぬけと言われるじゃないですか。絶対にそう言われたくない！許せるもんか。

長老　君はもういくつになったかね？

忠義　……48《しじゅうはち》ですが……。

長老　もう残り少ない。じゃが、わが惣慶《そうき》一族はどうなるのじゃ。

忠義　そのように申されても……。

長老　見よ！友寄・平敷屋一族は、領地は召し上げられ、男子は流刑、女たちは民・百姓の身分に落とされておる！わが一族がそのようになっても良いのか！どうじゃ！

忠義　時代に逆らうな！蔡に闘いを挑むでない！と。このワシにイケニエになれ！と……。

長老　そういうことじゃ！それが最善の策じゃ。いづれまた戻れることもあろう。

しかし、忠義は再び許されることはなく、2度目の流罪地、宮古島でその一生を終えるのです。彼の辞世の和歌です。

「はかなくも　同じ露なる　身を持ちて
草葉の上を　よそに見るかな」

（『沖縄一千年史』真境名安興著より）

秀逸です。意訳しますと「安乗も朝敏もそしてこの私も草葉の上の露のようにはかない身の上だ。私は生きながらえてこの宮古島にいるが、彼等２人を含め仲間たちは皆、こころざし半ばで散っていった。人の世のはかなきことよ！悔しい〜よ」と。

処刑のあった１７３４年、玉城朝薫《※ちょうくん》はハリツケを見ることなく逝き、名護親方も同じ年の暮れ、12月８日に帰らぬ人となります。

王府リーダーたちへの親方の諫言を読み解く

1．家柄が良く才能があると自惚れるでない
2．すべてにおいて自分が一番と自慢する者は馬鹿者だ
3．酒色に溺れると人の意見も聞かなくなる
4．王府のリーダーは、酒と色恋が大ケガをする原因だと知りなさい
5．自分を律する心を疎かにしては、学んだ知識も役には立たず害になる

6．自分の利益にならないとして嘘を言い、理屈をこねて責任逃れするものではない。このような行いは、没落する定めにあります。

7．世の手本になる者は、日夜努力して知恵を磨き、実績を残します。

恥にからむ7首をまとめますと以上のようになります。

王府のリーダーたちの当時のライフスタイルは「自惚れる・自慢する・人の意見を聞かない・酒色に耽る・学んだ知識が害になる・嘘や理屈をこねて責任逃れする」ことで、6番までは、首里の和文学者たちの傾向を表現した歌となっています。

7番は、王府リーダーが目指すべき学び方は、世の為に実績を残す学び方だと説いています。現代にもすべて適用できますね。

この7首の核心は、「王府の規律をあるべき姿に戻さないとケシの花のように中毒症状を起こして落ちて行く運命にありますから、心を入れ替えるように」と。親方は、強く警告を発していますが、和文学者たちは聞く耳を持たず「過激な行動」に走り、悲惨な結果を招いたのです。

王府がどうして友寄・平敷屋事件で和文学者15名を生きながら殺すという凄惨な処刑を行っ

たのか？未だに謎のままです。私は「イケニエ」を必要とするぐらい王府周辺の風紀が乱れ薩摩藩にとっては「国家の一大事」とする程の深刻な状況になっていたと思っていますが、この7首の歌の背景に思いをめぐらしますと、様々な物語が生まれる筈であります。

特に㋘の歌で詠っている按司や下司とは誰なのか？ここに重大な秘密が隠されている気がするのです。

思うに、按司とは「王族に連なる名門で、80石取りの紫冠《しかん》の和文学者」と言えば誰か？それこそ※友寄安乗以外にはいないのです。しかも彼は※蔡温よりも5歳年長であり、三司官の役職を受け継ぐ家柄なのです。「クニンダ（久米村）ごとき成り上がり者の蔡温が三司官？」という敵意や反感を抱いていたとしても不思議なことではないのです。友寄（処刑当時57歳）の地位と立場からすれば、彼が「落書を投げ入れた事件」の政治的首謀者であり、下司に相当する者は平敷屋朝敏（処刑当時34歳）でありましょう。親方は、朝敏に対してはその才能を惜しむかのように「酒色に溺れ、自分が一番だと自惚れるものではないよ！」と柔らかく諭しているように思われます。

ここに琉球五偉人のひとり、蔡温に対する別の批評があります。
「蔡温の性格は、儒者一流の弁をもって、粉飾する傾きがある為、門閥をもって一種の誇りとし、自ら文化的趣味的において優秀なりとした」（『沖縄時事新報』恩河朝裕評）
蔡温の長男は、平敷屋ら15名の和文学者が処刑された年の10月に尚敬王の長女と結婚し、王家の姻戚に名を連ねます。
最後に、首里の和文学者と久米村との王府経営をめぐる対立の渦中にあった名護親方は詠《うた》います。

「誉《ふ》みらりん好《し》かん　誹《すし》らりん好《し》かん
浮世《うちゆ》なだやしく　渡《わた》い欲《ぶ》しゃぬ

＝誉められるのも悪口を言われるのも好きじゃない。
人生は穏やかに波の立たないように
渡りたいものだ！」と。親方の心境が察せられます。
また処刑事件の後に詠んだと思われる尚敬王の歌

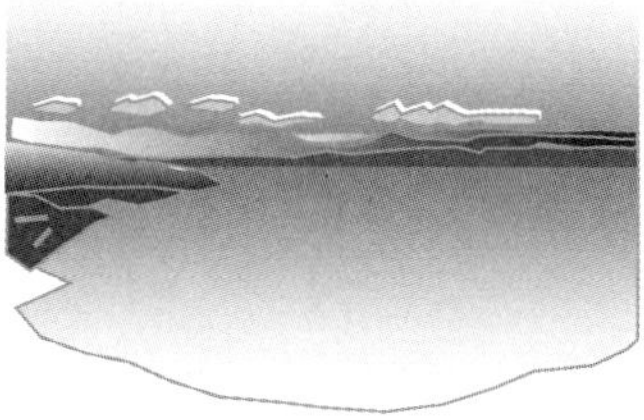

「我身《わみ》んちりみちどぅ　人《ふぃとぅ》ぬ意《い》や知《し》ゆる
無理《むり》するな浮世《うちゆ》　情《なさき》びけい

＝自分の身をつねってみてはじめて人の痛さも判る。無理に自分の主張を通すものではない。人生は人の情を汲みながら生きよ」と同じ歳の朝敏をたとえに歌ったとすれば、国王の心情が伝わってきます。

※
友寄安乗《とぅむしあんじょう》（1677年〜1734年）首里の和文学者
毛姓で嵩原親方安依の3男、兄の安満は処刑当時の三司官。三司官になる家系で処刑当時は三司官相当の紫冠で80石取り。（名護親方は60石）
ブログ〝蔡温※時代〟のノートの毛姓家譜には以下の記述がある。「御在番所※へ落書※を入れ置き、平敷屋と組んで……国家の御難題を成さんと工作した……」と。知行は召し上げ、男子は流刑、子女は百姓の身分へ。

※
蔡温《さいおん》（1682年〜1762年）久米村（現在の那覇市久米）の出身
中国で陽明学を学び、尚敬王の教育係、評価（ハンガー）事件を解決し、その功で三司官座敷に出世。

1728年、三司官に任ぜられ、友寄・平敷屋事件を担当。琉球王府の改革に貢献した琉球五偉人のひとり。

※**玉城朝薫**《たまぐすくちょうくん》（1684年〜1734年3月1日）第2尚氏系の王族
1718年に踊《おどり》奉行に任命され、※冊封使《さっぷうし》を迎える準備を始める。「執心鐘入《しゅうしんかねいり》」などの組踊五番の創設者で、翌年の冊封使歓待の席で披露。

※**冊封使**（さくほうし・さっぷうし）1404年の中国永楽帝から1866年まで続く。
琉球国王が即位する際に、中国の皇帝から送られる使者のこと。新国王を認める儀式を行う。

※**落書**《らくしょ》…政治に対する批判や風刺の文書。今でいう怪文書のようなもの。

※**国家の御難題**…落書がどういう内容であったか詳細は不明、意図的に記録が消されている。難題の意味は無理な注文、いいがかりのこと。

※**在番所**…1628年に薩摩藩が琉球統治の為に設置した役所で20名が常駐。

テーマ「誠のこころ」くめての3首

その1く「自然体で」

親方は「誠のこころは、自分を律する要にあるもの」と詠っておりますが、誠の具体的なイメージがさっぱり涌いてこないのです。５段階の誠につながる歌を探すのは、最も難関でした。どの肝歌を選んでどう組み合わせれば良いか、ヒントが中々みつからなかったのです。考えあぐねている時に、フト浮かんだのが故土屋氏の声「マクトゥソーケー＝誠であれば……」でした。

アッ！そうかぁ～「誠のこころは天に通じるもの」であったと……。

それで「天とは何か」と『字通』で調べてみますと天とは「人知では及ばないこと・人をこえたもの・無為自然《むいしぜん（じねん）》」とある。無為自然とは「作為がなく自然のまま」であることだと。

また中国の老子が言うには「聖人は無為の事《こと》に処《お》り、不言の教えを行う。万物作《おこ》りて辞《じ》せず。生まれて有せず。為《な》して恃《たの》まず。功を成して居《お》らず」と。それを私は「道を開いた人は、意図的に物ごとには当たらずに自然の流れに身を置いており、言葉を使わずに人を教え導く。天は万物を生みながら支配することなく自然に任せるし、生じたものを所有もしない。また人の為にやったことでもお返しを求めない。功績を誇ってそこにとどまらずに次へと進む」と解釈しました。

以上のことをもとに誠に通じる歌は「人と自然。あるいは天につながる人の意志」などを含んだ歌であろうと狙いを定めて残り14首の肝歌の中から探したのが「雲は風」のく⃝の歌でした。これと意味が似かよっている組歌はさ⃝でした。

それでは草く⃝さ⃝の組歌です。

ⓚとⓢの組歌

肝歌(く)

雲《くむ》や風《かじ》便《たゆ》てぃ　(雲は風をたよりに)

天《てぃん》ぬ果《は》てぃ行《い》ちゅい　(天の果てまでも行く)

人《ふぃとぅ》や肝《ちむ》しちどぅ　(人は心で)

浮《うち》世《ゆ》渡《わた》る　(定めなき世を渡る)

組歌(さ)

盛《さか》い衰《うとぅる》いや　(盛んな時と衰えは)

夏《なち》とぅ冬《ふゆ》ぐくる　(夏と冬のこころ)

くり返《けー》し返《けー》し　(くり返し返し)

逃《ぬ》がりぐりしゃ　(逃げられない)

意訳

雲は風を頼りに天の果てまでも移動する。季節は春夏秋冬めぐりきたり、とどまることがない。人の人生もまた盛んな時もあれば、衰えもくる。これは自然の掟であり、避けることはできない。人は、定めなき人生を情ある心で渡るのです。

草㋗㋚のこころ

「誠のこころで行動すると、どうして天（神）に通じて形になるのか？」考え続けてもその意味するものを未だつかむことができないでいます。かなり深いテーマであり、明確な答えは出せませんが迫れるだけ迫ってみます。

「至誠通天」（誠に至ると天に通じる）は中国の孟子が唱えた言葉で、これをウェブで検索してみますと、

①天の意志に叶う願いであれば、形になる。

②真ごころをもって行動すればいつかは認められて叶う。

③天は誠のこころでものごとに当っているか見守っている。純粋でまことのものなら必ず通じる。

④このテーマは、「神は存在するか？」と同じだ。

など様々な解釈がなされています。

また誠は『字通』には「信なり」とあり、その意味は、「人＋言で、神に誓う語である」と。それでもまだ納得がいかないので親方の「盛い衰い……」の㋚の歌をジッと眺めているうちに、ピンとくるものがありました。「そうか！人生の過ごし方や考え方は、雲や風のように、あるいは季節は夏と冬がめぐりくるように、自然体で臨め！」ということかと閃《ひらめ》いたのです。

「心に邪気を帯びず、草㋗㋚がそうであるように、自然の示す道に従って生きよ」と。しかし、「神などおらぬ！自然は人間が支配するものだ！とこう言った初めの人は、古代メソポタミアのギルガメッシュ王だ」（梅原猛）。

このような考え方が現在までも色濃く残っていると梅原氏は語っています。ギルガメッシュ王とは、今のイラクあたりの古代メソポタミアの伝説的な王様で、４５００年前頃にレバノン杉の森を畏《おそ》れることなく切り拓いたとされています。

㋗㋚は誠のこころ。神がいるかどうか？お天道《てんとう》さま様が見ているかどうか？親方と学君の会話です。

学　誠の心はホントに神様に通じるんですか？

親方　純粋な気持で真ごころから願えばのォ〜。

学　と言いますと、どういうことでしょうか？

親方　やましい邪気とか自分の為だけとかは作為があろう、不自然なのじゃ。

学　不自然なこころでは駄目なのですか？

親方　無為自然とは何であったかのォ〜。

学　作為がなくて……自然のようにあるがままに……でよろしいでしょうか。

親方　そうじゃ！　それを天という。人も自然も生きとし生けるものはすべて天とつながっておる。

学　そう言われましても……草とはつながっているとは思いませんが……。

親方　今は、判らなくとも良い！考え続けているといずれ判ってくるようになる。

学　そんなァー、でも神様はいるんですか？

親方　人類は、その答を持ってはおらぬわ。じゃが畏《おそ》れ多い何ものかが在《あ》る！

学　畏れ多い何ものかが？それが神様なのですか？

親方　今の科学では証明はできぬと申したであろう。じゃが、君には経験はないか？

学　何の経験ですか？

親方　例えばじゃ、友人の話をしている時にだ、その人から電話がきたとかの？　当の本人が姿を現わしたということじゃ。

学　あります！たびたびあるんですが、それが何か関係があるんですか？

親方　それと似たようなもんじゃ！心で思ったことが現実になったということ！

学　ヘェ〜そういう風に考えられるのですか？とても信じられません。

親方　人の心の働きにはのォ〜、凄《すさ》まじい力があるのじゃ、これはの？この地球上のすべての人に与えられている能力のひとつじゃ。

学　人の心にそんな力があるんですか？しかも地球上のすべての人に……。

親方　そうじゃ。この力に気づいて、くり返し返しての？自分の心に言い聞かせているかどうかじゃ。それが人生の分かれるところだ。

学　それって本当のことですか？

親方　試してみるが良い。

学　試してみるって、どうすれば良いのですか？

親方　自分の願いが世の為になることなのか？それともやましいことを考えていないか？との？善きことを思えばそのようになる！

学　悪いことを考えていたらどうなるんですか？

親方　そういう形になる！だから怖いのじゃ。誠のこころを磨かねばのォ〜。

その2㋱「直感を友に」

親方が「人生の行動基準にしなさい」と第1番目に挙げたのは㋩の恥でした。第2番目の基準は㋫の「誠のこころを！」であり、「人生は自然体で臨め」と。

これは盛和塾《せいわ》の稲盛和夫塾長が行動を起こす前に考えるようにと語っている「動機善《どうきぜん》なりや、私心《ししん》なかりしか」と同じこころであります。

では誠の歌にセットされている次の肝歌はどれか？であります。ヒントになったのは㋸の肝歌にあった「……肝《ちむ》ぬ上《いー》ぬ真玉《まだま》……人の魂は神とつながっている」や㋗㋚の組歌にあった「心には凄《すさ》まじい力が与えられている」などで、あ〜でもないこうでもないなァーと試行錯誤しながら、ようやく探し当てたのがⓜの「珍《みじら》しゃる物とぅ……心に逆《さか》らうな」の肝歌でした。

この歌は、人によって様々な解釈がなされていますが、私は「珍」の漢字に注目して前向きに意訳しました。理由は、珍の文字には「珍重」とか「珍品」や「珍味」などほとんどがポジティブで積極的な言葉が並んでいたからであります。

このⓜにはⓌの「ゐぬ春になてぃん……」をセットしました。それではⓜとⓌの組歌です。

めとゐの組歌

肝歌(め)	組歌(ゐ)
珍《みじ》らしゃる物《むぬ》とぅ（心に感じることに出合ったら）	ゐぬ春《はる》になてぃん（同じ春になっても）
肝《ちむ》に逆《ぢゃく》するな（心に逆らわないように）	人《ふぃとぅ》ぬ花《はな》咲《さ》ちゅみ（人には花は咲かない）
逆《ぢゃく》や人間《にんじん》ぬ（心と逆な行動をする人は）	年《とぅし》どぅ寄《ゆ》てぃ行《い》ちゅる（年をとってゆくだけ）
怪《き》我《が》ぬ基《むとぅい》（ケガをするもとに）	油《ゆ》断《だん》するな（手をぬかないように）

意訳

自然は春には春の、夏には夏の花を咲かせる。しかし人には春がきても花は咲かない。ただ年をとってゆくだけ。日々の行動の中で、凄《すご》いと感じることに出合ったら、心に素直に従うことです。逆の行動はケガのもとです。自分の直感を大切にして人生の華を咲かせるように。油断は禁物！

㋱と㋼のこころ

「直感は自分の心の声。素直な心の声は、自然の営みとつながっている。また自然と同じように言い訳をしないいし、あるがままで作為がない。これを誠の心という」このようなことが、親方のメッセージであろうと感知して、「直感を友に！」とした理由であります。

しかし、この㋱の歌については「自分の心の思うままに行動すると大怪我をしますよ」と解釈する人もいて多様性に富んでおります。解釈は自由でありますが、私は㋱と㋼が組歌になっていることから、「自然があるがままに流れるように、自分の直感に素直に従うことが、天につながる誠の道である。たとえその行動が失敗に終ったとしても貴重な経験をしたことで、人は真に成長するようになる」と解釈しております。

ところで「直感を友に！」と、親方と同じようなことを語っている世界的に有名な人が2人おります。

そのひとりがアップル社の共同設立者のスティーブ・ジョブズ（1955年〜2011年）です。彼は2005年6月12日に、米スタンフォード大学の卒業生たちに有名なスピーチをしました。
「ハングリーであれ！」「ステイ・フーリッシ、フラー（異端）であれ！」などがマスコミなどで世界中に報道されましたが、その言葉は、沖縄でも普通に話されていて、特に珍しいことではありません。しかし、その言葉の前に彼が語ったのは、重要であり、注目に値します。こうです。「他人の考えに溺れるあまりに、あなた方の内なる声がかき消されないように。そして何より大事なのは、自分の心と直感に従う勇気を持つことです。あなた方の心や直感は、自分が本当は何をしたいのか、もう知っているはずです」と。

2人目は、アメリカの精神科医で、『前世療法』という本を出版して世界的にブームを巻き起こしているブライアン・L・ワイス博士（1944年〜）です。彼はその著書の中で「自分の直感に従わないと大怪我をする」と語っています。

どうして名護親方が300年前に歌にして語ったことをブライアン博士は1980年代に、ジョブズは2005年に同じことを、しかも時空を越えて語っているのでしょうか?不思議な現象です。

親方が彼らに先駆けること300年！わが沖縄の誇りです。
「直感を友に！」とすることを心に命⑧⑥ぜよ！であります。
つぎは「誠のこころ」その3です。

その3 ㋢「地球を学べ」

誠のこころのその3は、最難関でした。この位置に相応しい歌が何なのかがほとんど見当もつかず、お手上げでした。何か方法はないかと考えながらも、その3をパスして、判り易い組歌からパズルにはめてみたのです。

この中でも比較的にやさしかったのが第5段階の「美しいこころ」と第6段階の「反省するこころ」でした。

それでこれらの組歌を当てはめた後に、残った歌の中から選んだのが㋢と㋭の歌だったのです。果たしてこのような組み合わせ方で良いのだろうかと悩みながらも、歌の内容を吟味してみますと、共通する語があったのです。それが「墨《すみ》」でした。

沖縄の島言葉で「スミ」は知識とか、学ぶで、「墨習《しみな》りが行《い》ちゅん、は学校に行く」などを意味しております。このことからその3は「学ぶ方法がテーマになっている」と推測し、位置づけたのであります。

では、何を、どのように、何の為に学ぶのか?誠のこころにつながる学び方はあるのか?と。(て)と(ほ)の歌を何回も「ツラネ風」に口ずさみながら、親方の心の奥底にあるものに想いを重ねてみたのです。すると(て)と(ほ)には表と裏の学び方があることを親方は隠していたのです。表の学び方は(て)と(ほ)の歌の通りです。それは、

①今の世にも後世にも役に立つ学び方は、実績を残すこと。

②どんな状況にあっても、貧しかろうと学ぶ意欲を持ち続けること。

③学ぶに当っては、決して手を抜かないでしぶとく続けること。

などでありますが、それが誠=天とどう通じ合っているのか、イメージが出てこないのです。

それで(て)と(ほ)の歌の底の底に、裏に秘められた語句があるに違いないと探した結果、ポイントになる言葉は、「世界《しけ》ぬ習《なり》い」しかないのです。「シケヌ・ナリイ」に文字を当てはめま

すと①世間《シケ》ぬ習《ナリ》いと②世界《シケ》ぬ習《ナリ》い、のふたつになります。①は狭い地域の世間のことで「世の常でしょう」の意味になり、②は①の意味も含みながら広い世界のことで「地球に生まれた人の常でしょう」とも解釈できたのです。

これでこの組歌に秘めた「学び方」は、表の意味を詠いながら裏の意味は「世界＝地球を学ぶ」になり、誠＝天とつながったのであります。「こじつけではないか！」と言う人も居るでしょうが、３００年前にあのジョブズを越えた親方のことです。そうではないことが、この後で判ります。

では（て）と（ほ）の組歌です。

ⓣとⓗの組歌

肝歌(て)

手《てぃ》墨《しみ》勝《すぐ》りてぃん　(学歴がすぐれていても)
知《ち》能《ぬ》才《ざ》すぐりてぃん　(知識や才能がすぐれていても)
肝《ちむ》どぅ肝《ちむ》さらみ　(心、誠の心でしょう)
世《し》界《け》ぬ習《なれ》や　(この地球・万国のならわしは)

組歌(ほ)

蛍火《ふたるび》ぬ影《かぎ》に　(蛍の灯《あか》りを使って)
墨《しみ》習《なら》てぃでんす　(学問を修める意欲があり)
油《ゆ》断《だん》さん者《むぬ》どぅ　(手を抜かない人が)
沙《さ》汰《た》や残《ぬく》る　(実績を残し手本になる)

意訳

学歴があって知識や才能が勝れていても、大切なのは誠の心こそでしょう。心を磨き学問を生かす学び方こそが、万国共通の、この地球に生まれた人の習わしです。蛍の灯りを使ってでも手を抜かずに学ぶ意欲を持ち続ける人が、実績を残すのです。このような姿勢の人は、社会の手本となり、世の礎《いしずえ》となるのです。

㋢と㋭のこころ

親方が詠《うた》っている「地球を学び・誠＝天とつながる学び方」を理解するのに参考になるのが、アメリカのアリゾナ州に1万年以上も前から住んでいるネイティブ・アメリカンのホピ族の神話です。

「神話は、架空《かくう》の物語であって、信頼するにはほど遠いものだ！」とするのが世間一般の常識でありましょう。

ところが私は「すべてを信じることはできないとしても、世界の神話はこの地球上で人類が経験した事実の一端を表現した物語である」と考えております。ホピの神話では、人類がこの地球上に誕生した時に神と約束した行動について以下のように伝えています。

①命を与えられたことに感謝すること
②地球の世話をすること
③仲良くすること

④子孫を増やすこと

の4項目であります。

この中で「地球を学ぶ」上で参考になるのが②と③であります。②の「地球の世話をすること」には「地球を学ぶ」ための重大なヒントが入っております。この課題に対する答えは、1週間の曜日の中にほとんどすべてがあり、あなたに合う地球の世話の仕方を探し当てて下さい。先ず最初は木曜日です。これは木《もく》(森など植物のこと)、次は火《か》(薪《まき》や石炭・石油などエネルギーのこと)、土《ど》(土の働きのこと)、金《こん》(ミネラルや金属のこと)、水《すい》(海や川など水の循環)。この5つのテーマは地球上のテーマであり、日《にち》(太陽の動きや働き)、月《げつ》(月が地球に与える影響)の2つは地球外の宇宙のテーマであります。これら7つのテーマは、すべて「地球を科学する」ことであり、目に見える世界を学ぶことです。

一方③の「仲良くする」には、自分と他人を知り、自国と外国のことを学ぶことであり、相互の交流なしには仲良くはなれません。

仲良くする為には、お互いの歴史や文化を学び、スポーツを通して親善を図り、芸術で見えない心の交流をすることなどが「世界を学ぶ」ことにつながります。③のテーマは、沖縄がこれまでの歴史でズバ抜けて得意としてきた分野です。

この②と③を深く理解する第一歩として、親方と学君に会話をしてもらいます。

モッ・カ・ド・コン・スイ・ニチ・ゲツ

学　1週間の曜日の中に、地球を学ぶテーマが潜んでいるって……全く知りませんでした。

親方　「モッ・カ・ド・コン・スイ・ニチ・ゲツ」と覚えると良い。

学　モッ・カ・ドですか？単なる曜日のことではないですか？意味があるなんて……。

親方　これまでの人類が残してきた遺産であり、知恵と思ったら良かろう。

学　人類の遺産？知忠ですか？

親方　木《モク》は植物のことであり、薪や石油など、火《カ》のエネルギーを提供する。また植物は、土《ド》の中に根を張って、金《コン》のミネラルと水《スイ》の水を吸収して大きく育つじゃろ？それだけではないぞ、人類をはじめ動物たちに酸素を与えておる！すべての生きものの土台となっておる。

学　地球に在《あ》るものは、すべてつながっている！ということですか？

親方　そういうことじゃ。それだけではない。地球は、宇宙に浮きながら太陽を中心にまわり、月の影響も受けておる。太陽は、地球にどんな影響を与えておるかの？

学　う〜ん、植物たちの光合成を助ける……それから夏と冬の季節をつくり、人間に元気を送る……。

親方　そのようにじゃ！学ぶことが沢山あろう？月はどうじゃ！

学　えっと〜、潮の満ち引きですかねぇ〜…。

親方　それだけかのォ〜。、例えばじゃヘチマ！これも大きな影響を受けておる！

学　ヘチマですか？どういうことでありますか？

親方　ヘチマの雌花は旧暦のツイタチと15日にしか花を咲かせない不思議な植物なのじゃ。

学　ヘェ〜、そうですか？どうしてですかねぇー？

親方　だからじゃ！ヘチマに聞くのじゃ！学ぶことなのじゃよ。

学　ヘチマに聞くのですか？学ぶことがいっぱいあるんですねぇ〜。

親方　③の「仲良くする」には、どう対応すれば良いのでしょうか？
今の世は、平敷屋朝敏《ひしゃちょうびん》の時代とは違って、世界が広くなった。瞬時に世界とつながる時代じゃ！沖縄の得意な歌・三弦《さんしん》・踊りが手助けしてくれるじゃろう！

学　沖縄の歴史や文化を学ぶことが？世界とつながると？

親方　そうじゃよ！自分を知ることが大事なことじゃ、己を知り汝を知ること！貧しかろうとどんな境遇であろうとのォ〜、自分のくらしを立てる為に、くよくよせずにじゃ、懸命に学び続けること！

学　勉強を続けておれば、何とかなるんですか？

親方　自分だけの為ではなくての？どんな形で地球の世話ができるか？世界の人と仲良くするにはどうすれば良いか？とな？学び続けねばのォ〜。

学　それで親方は、中国から六諭衍義《りくゆえんぎ》を持ち帰られたのですか？

親方　よその国の文化や人の良いところを取り入れる力がないとのォ〜、教養を積み上げるのじゃ！

学　学問の道は、広く深いということでしょうか？

親方　世のリーダーたらんとする者はじゃ！民・百姓が豊かになるようにじゃ、学んだものを生かさねばならん。一歩だけでも良いのじゃ。

学　だから油断するな！と。手を抜くな！と……。

親方　したいことがあればじゃ！ゆるむことはない！

学　どういうことでありますか？

親方　モッ・カ・ド・コン・スイ・ニチ・ゲツの中から、世界と仲良くなることから自分に合うものを選べば良い！

学　何もない！としましたらどうすれば良いのでしょうか？

親方　探し続けるのじゃ！これが自分の宿分《すくぶん》※と思えるものをの？興味のあるものに合えば、疲れることもない！続けていけるのじゃ！

㋢と㋭の親方のメッセージ

「地球のことを学び、世界の人と仲良くすることの中から何でも良い。自分に合ったもの。学び続けることができるものを探すこと。また、黙々とただひとつのことに打ち込んでいる人を手本《てほん》にすること。自分が選んだものを鍛え続けると誠＝天につながって輝くようになる！」と。

※

宿分（すくぶん）

①ナーメーメー　（それぞれの人が宿しているもの）

②ムルーヤッサ　（個人のすべて）

③シスンカラ　（子孫から受け継いだもの）

様々な受け取り方がありますが、私は「命を与えられる時に、神様と約束したこと」と考えています。

沖縄には「自分の宿分を知りなさい」という寄言《ゆしぐとぅ》があります。

人生は自分の宿分を探し当てる旅とも言えるのではないでしょうか？

テーマ「美しきこころ」(に)(る)(つ)3首

その1 (に)「こころは広く、人には敬意を」

親方が人生の目標とし、生きる基準にするものとして第4段階で示したものは、恥・誠・美の3テーマでした。

美について『琉球国旗の巴旗』の著者である金城唯仁は前述したとおり「美は※琉球神道《りゅうきゅうしんとう》の発祥以前に、民衆の心をとらえなびかせ、美ほど権威を保ち、愛され好かれたものは他にない」と語っています。

また、15世紀頃の琉球人についてポルトガルの薬商人、トメ・ピレスは、『東方諸国記』の中で「レキオ（琉球人）は①正直で嘘をつかず清潔にしている②奴隷や娼婦を買わない③同胞を裏切らない、命を賭ける」と表現しています。このことからレキオは、美のこころを体現していたのが判ります。

では、親方は5段階の最後のテーマである「美しきこころ」についてどのような振る舞いが望ましいと詠っているのでしょうか。残った9首の肝歌の中から美しいこころに当てはまる3首を探し当てねばなりません。先ず最初に秘密の鍵のひとつである「順番」をイメージして(い)(ろ)(は)の次の(に)「憎《にく》さある人ん《ふぃとぅ》……」の歌を置いてみたのです。この内容が「憎い人であっても憎むな」と。これは一般の人にはとても実現できるものではなく、神に近いものであろうとして「美しいこころ」に位置づけました。

この(に)にセットされている組歌には、歌の内容から(れ)を当てました。

それでは(に)と(れ)の組歌です。

※
琉球神道《りゅうきゅうしんとう》…琉球固有の多神教で、ニライカナイ信仰とか御嶽《うたき》信仰ともいう。経典や教義がなく、太陽神を最高神として崇《あが》める。祝女（ノロ）が神々と交流して共同体の豊穣や子孫繁栄を願う。

(に)と(れ)の組歌

肝　歌(に)	組　歌(れ)
憎《にく》さある人《ふぃとぅ》ん（憎い人であっても）	礼儀《りーじ》忘《わし》りりば（人に対する気配りや敬意を忘れると）
憎《にく》さどぅんするな（憎まないように）	闇《やみ》ぬ夜《ゆ》ぬ小路《すーじ》（闇の夜の小道・狭い道）
肝《ちむ》ぬ道筋《みちすじ》や（心の道筋は）	我身《わみ》どぅ傷《すく》なゆる（自分を傷つける）
広《ひる》く開《あ》きり（広く開けなさい）	歩《あゆ》みぐりしゃ（歩きにくい）

意訳

憎いと思う人であっても憎まないように。心の持ち方やものの見方は、広くするようになさい。人に対する気配りや敬意を払うことを忘れると、闇の夜に狭い道を歩くようなもので、怪我をします。これと同じように人生も歩み難くなります。

㊂と㋹のこころ

「憎いと思う人であっても憎むな！」とは……常人ではとても到達できそうもない目標です。たまたま私の出身地、今帰仁の後輩と雑談している時に、どういうことを思ってか、彼が問うたのです。

「先輩、愛の反対にあるのは何だと思いますか？」と。一瞬とまどいながらも「ウ～ン、それは憎むではないかなァー」と言うと、「マザーテレサ（1910年～1997年）が言うには、無視することだ」と語ったのです。「確かに人を無視するのは、相手の存在を認めないことになるよね」と言うと彼は「憎しみは愛に変えることができる」と。

憎いと思う気持は、変えることができるのでしょうか？ヒントがあります。タイの歴史学の父と言われているダムロン親王（1862年～1943年）は、タイが東南アジアで戦前、植民地にならずに唯一の独立国となり得た理由について以下のように語っています。

①他の文化に対して寛容であったこと。

②その文化を受け容れて消化する力があったこと。

③自主独立の気概があったこと。
の3点を指摘しています。これを参考にしますと、
①憎いと思う人であっても寛容の心で対応すること。
②その人を受け容れて、憎しみを昇華すること。
③その人を認め、自分は自分として心の確立をめざすこと。
になります。しかし「憎悪するこころ」を昇華させることは至難の技であり、親方は「目標として心がけるように！」と示唆しているように思います。

また礼儀は、「行儀が良い」とか「礼儀正しい言葉づかい」など行儀作法のような堅苦しいものと思われがちですが、言葉の意味は「社会秩序を維持する為に、人が守るべき行動様式で、人に対する気配りや敬意を表すこと」（デジタル辞泉）とあります。

このⓃとⓇの歌は、親方から「憎いと思う人であっても、無視しないでその存在を認め、敬意を払うことができますか？」と問いかけられているような気がしています。70歳を過ぎても未だこの心境に到達できていない自分に恥じ入るばかりでありますが、「矛盾をかかえて生きるのも良いぞ！」との声もあるのです。

沖縄の先人たちが「美は至高の目標で愛すべきもの」として「身持清《みむちきゅ》らさ（身も心も清く美しく）を目ざした」ように、目標は高く掲げたいものです。

その2（る）「心に宿る輝くもの磨くように」

「美しきこころ」のその2は、歌の内容が似かよったものを選びました。肝歌の（る）で詠われている玉と（む）の鏡とが響き合っていたからであります。

親方は「心にはルリ色に碧《あお》く輝く宝石のようなものがある」と詠い、また「胸には自分を写す鏡がある」と表現しています。「この玉と鏡」は、「瑕（キズ）がつかないうちの宝ものですからチリが積もらない間に磨くように！」と。

しかし、親方は「キズがつかないうち」や「チリが積もる前」とかがいつのことなのか明らかにしていません。

※リルケは、「子ども時代は、みずみずしい真実を受け容れる力があり、無垢《むく》で素直な心が育

時期だ。人生で最も貴重な時間である」と語っています。この貴重な時期にどのような大人に会い、どんな体験をしたか？によって、人の人生は大きく変わって行きます。

次は㋹と㋰の組歌です。

※

リルケ（1875年～1926年）オーストリアの詩人で作家。『マルテの日記』などがある。

るとむの組歌

肝歌(る)

瑠《る》璃《り》ぬ玉《たま》とぅ思《む》てぃ（ルリ色の宝石だと思って）
肝《ちむ》ぬ持《む》てぃなしや（心の持ち方は）
瑕《きじ》付《ち》かぬ間《えま》ぬ（キズがつかないうちの）
宝《たから》さらみ（宝ものです）

組歌(む)

胸《んに》にある鏡《かがん》（胸にある鏡）
朝《あさ》夕《ゆ》思《うみ》詰《ちみ》り（朝に夕によく考えるように）
塵《ちり》積《ち》むてぃからや（チリや垢がたまってからは）
磨《みが》きぐりしゃ（磨きにくい）

意訳

心の使い方は、ルリ色の宝石だと思って大事に。心にキズがつく前の宝ものですから。胸の鏡に自分を写して、朝に夕によく考えるように。塵が積もり、垢《あか》がたまってからでは、磨きにくいのです。

ⓡとⓜのこころ

この組歌は、「人が人として身に着けねばならない最低限のマナーは、子ども時代に培われるものである。良い習慣を家庭でも習い覚えさせるように！」と子を持つ親に向けて詠ったものであろう。

ところで、日本を代表する教育者で哲学者である森信三《もりしんぞう》（1896年〜1992年）は『幻の講話』の中で、人が人となる為のレールに乗る条件として以下の3点をあげています。

①挨拶ができること。
②呼ばれたら返事ができること。
③家に入る時に履物《はきもの》を揃えることができること。

これが人になる為の最低限の行動であると。

では「心にあるルリ色の玉（魂）」が生き生きと光り輝いている間とはいつ頃のことで、またこの間に親やまわりの大人はどう対応すれば良いのでしょうか？親方と学君の会話から対処策を導き出してみましょう。

学　人の心の中には、ルリ色に輝くものがあるのですか？

親方　そうじゃのォ〜、誰でも生まれた時は、心が純粋でまっ白。その輝く玉は人の魂《たま》、たましいのことじゃ。

学　その魂《たましい》というのは、宝石のようなものなのですか？

親方　それはタトエの話じゃ。この魂はの？言葉を覚え、文字が書けるようになるとじゃ、色々と変化をする。

学　なぜ変わって行くのですか？

親方　皆それぞれに家族があり、考え方や習慣、それにまわりの環境によっての？影響を受けるようになる！

学　まっ白な魂がキズつくこともあるのですか？

親方　純真で素直な時期にだ！感情にまかせて怒鳴られたり、叩かれたりモノ扱いされるとのォ〜、怯えて心のキズになるのじゃ。

学　私もかなり叱られたり、叩かれたりされましたが……。

親方 それは悪い行いをした時には、当然の罰じゃ！親は感情にまかせる前に……。

学 どうすれば良いと言うのですか？

親方 ……ウ〜ン、わが子は、親を選んで生まれてきたと考えてみる……。

学 そう考えると何か良いことでもあるのでしょうか？

親方 どうしてこの子は、私たちを選んで生まれてきたのかとな？そう考えるとじゃ、わが子のオモイが何であるのか、心をのぞく余裕が生まれてくる……。

学 子は親を選ぶのですか？私は選んだ覚えはないのですが……偶然だと……。

親方 どう考えるかは自由じゃ！子は親を選ぶというのは、科学では明らかにされてはおらぬ。じゃが、子に選ばれたと考えるとの？モノ扱いにはできぬ。自分の所有物ではないのじゃ。わが子の命も親の命も平等だとな？

学 なるほど……そういう風に考えるのですか？……。ところで心にキズがつく前に磨け！というのはいつ頃のことですか？

親方 そうじゃのォ〜、**童《ワラビ》ぬ物習《ムンナラ》しや13祝《ユーエー》いまでぃ。**

学　どういう意味ですか？

親方　子どもが親やまわりの人の言うことを聞くのは、13祝《ユーエー》いまでに！ということじゃ。

学　13ユーエーって何でしょうか？

親方　これも教えられておらぬのか！2回目の生まれ年のことじゃよ～。

学　2回目の生まれ年？何か意味があるのですか？

親方　君は、このような大事なことも教えられてはおらぬようじゃな？生まれ年とはの？子《ね》年生まれとか、自分の干支《えと》のことを言う。

学　あーァ、そのことでしたかァー……。

親方　琉球では生まれた時が1歳じゃ。それに生まれ年が一回りするのに12年。生まれ年の1年をたすと13。これが2回目の生まれ年になる。

学　その時に13ユーエー……これをするのはどうしてですか？

親方　いい質問じゃ！これはの？子ども時代にサヨナラをしてじゃ、これから一人前の大人になります！という儀式なのじゃ。

学　大人に旅立つ区切りの年だと言うことですか？

親方　うまい表現をするのォ〜学君！そういうことじゃ、だからの？この年になるまでにしっかりと礼儀を身に着けさせるのじゃ！**家慣《やーな》れー外慣《ふかな》れー**と戒めておる。

学　ヤーナレーヤ、フカナレーどういう意味でしょうか？

親方　家庭で身に着いた習慣は、社会に出てもじゃ、その癖が出てくるからよくよく注意しなさい！ということじゃ！

学　フ〜ン、凄《すご》い言葉です。が13祝いまでに親はどうすればいいんですか？

親方　そうじゃのォ〜13ユーエー（祝い）の前、その2〜3年前にじゃ、わが子の得意なものを見つけ出すこと！

学　得意なものって……何でも良いのですか？

親方　何でも良い！足が速いとか、絵が上手とか、算数が得意とかの？何でも良いのじゃ。

学　それを見つけてどうするんですか？

親方　誉めるのじゃ！シャワーのように誉め言葉を浴びせると良い！

学　誉め言葉を浴びせる！でありますか？それだけで？

親方　人はのォ〜、誉められるとその気になるものじゃ。特に子ども時代はの？

学　猿もオダテれば木に登るですか？

親方　馬鹿モン！オダテるのではない！心の底から誉めてあげるのじゃ。

学　すみません……。

親方　真底から誉められるとの？子どもはその気になる！その気になって自分の得意なものを伸ばそうとな？自分で学ぶようになる！

学　自学自習をするようになると……。

親方　そういうことじゃ！親はそういう方向に仕向ける。子どもの頑張る姿を見守ってあげるのが肝要なのじゃ。

「子ども時代から大人になる区切りの年が13祝い。親はこの前にわが子の得意なものを見つけ、心からうんと誉めてあげて伸ばしてあげる努力をする。このような子育てをしているかどうか？胸にある鏡に手を当てて考えるように！これを疎《おろそ》かにしては、わが子の心を磨くことは難しくなりますよ。**童《わらび》ぬ物習《むんなら》しや13祝《ゆーえー》いまでぃ**ですよ！」とルンルン気分で。(る)と(む)の親方からのメッセージです。次は、「美しきこころ」その3です。

その3 (つ)「師を求め魂を磨く」

親方が(る)と(む)の組歌で詠っている「13祝いをする前までに」というのは子ども時代のことであり、今で言うと「小学校6年生までに」ということになります。「その2〜3年前が大切だ」と親方が語っているのは、小3〜小5までの時期がその人の人生において「みずみずしく最も貴重な時間である」ということであり、子を持つ親はそのことを心にしっかりと刻まねばなりません。

「美しき心」その2の「胸にある輝くもの」をベースにして選んだ次の肝歌は、(つ)です。その理由は「童《わらび》しぬ肝《ちむ》どぅ＝子どものような心」と「地幅《ぢふく》さらみ＝基本でしょう」があったからで、まとめますと「美しきこころは、子どものような心が基本でしょう」であります。「地幅」を『広辞苑』で調べてみますと「建物の土台」とあり、転じて基礎とか基本の意味となります。この(つ)に相応しい組歌には(み)をセットしました。

その2のこころは「誉めて力を伸ばせ」でした。その3の(つ)と(み)の組歌のこころは、何でしょうか？

ⓣとⓜの組歌

肝歌(つ)	組歌(み)
常《ちに》に思《うみ》詰《ちみ》り　(いつもよく考えるように)	見《み》なり聞《ち》なりや　(見たり聞いたりすることは)
人《ふぃとぅ》ぬ習《なら》わしや　(人として習い伝えてきたことは)	覚《うび》らじに染《す》むん　(自然に染まる)
童《わらび》しぬ肝《ちむ》どぅ　(子どものような心が)	廉《す》相《そ》にある人《ふぃとぅ》ぬ　(怠け者の)
地《ぢ》幅《ふく》さらみ　(基本でしょう)	側《すば》に居《う》るな　(そばに居ないように)

意訳

いつも良く考えるようになさい。人として習い伝えてきたことは、子どものような心が基本です。人の行動を見たり話を聞いているうちに自然に染まります。ですからものごとを疎かにしている怠け者のそばには居ないようになさい。

ⓣとⓜのこころ

13祝いを終えて大人の仲間入りをする中学生以上になりますと、何を目標にして心を磨けば良いのでしょうか？

親方はこのⓣとⓜの組歌で「心を磨く基本は、子どものような純真でみずみずしい好奇心あふれる気持を持ち続けること。また不真面目で怠け者の人を友としないように。知らず知らずのうちに悪い癖が伝《うつ》って染まるようになりますよ」と詠いました。

ⓜの歌を和訳するのに少し難しい島言葉《しまくとぅば》がありますので『字通』で調べてみました。

覚《かく》…知る・覚える・めざめる→「覚《うび》らじ」…否定形なので、知らないうちに・覚えなくても、になる。

廉《れん》…すみ・かたわら・いさぎよい・するどい

相《そう》…みる・かたち・おさめる・せわする

「廉相にある人」…すみに追いやる形の人…転じて熱意がない人など。

親方は「ぐうたらで熱意がなく、ものごとを疎《おろそ》かにする人を友人にするな」と詠っておりすが、その真意はどこにあるのでしょうか？
また親方と学君に語ってもらいましょう。

学 13祝いまでに心を磨きなさいと……その後は磨くのは無理ということでしょうか？

親方 そういうことではない！13祝いまでの心もちとその後とでは変わるということじゃ。

学 中学生になったら、小学生の時とは違うのですか？

親方 男ならヒゲも生える。女なら子どもを産むこともできるようになる。子ども時代とは違って身も心も大きく変化し、自立の心が芽ばえてくる。

学 中学生以上になったら、何を心がければ良いのですか？

親方 大事なことは、友を選ぶことじゃ。小学生の頃までは、両親や先生が大きな役割を果たす。女性ゴルファーの宮里藍！彼女は小学校3年の頃に父親からゴルフの手ほどきを受けてじゃ、その努力が稔って世界一になった。じゃが、大人の入口に立った者は、自分の目標をしっかりと持って、立ち向って行かねばのォ〜。

学　その為には、やはり友人が大切だと？

親方　ボクシングで世界チャンピオンになった具志堅用高は手本になるのォ〜。彼は高校時代に友人と先輩、それに監督に恵まれた。彼らの意見を聞き、自分を鍛え、心を磨き上げての？世界一になった。努力の賜物《たまもの》じゃのォ〜。手本にするのじゃ。

学　人との出合いで何を学ぶか？ということですか？

親方　中学生以上にもなると、自分のしたいことがあろう。なりたい職業もあろうが、何を選ぶかは自由じゃ。しかしの？入り口に立った頃はじゃ、誰も悪い人になろうとは思わぬ。

学　大人になるにつれて、皆、いろいろと考え方も道も違ってきます。悪い方向に行く人も出てきます。

親方　クオ・ヴァディスという言葉を知っておろう？

学　いいえ、知りません。どういうことでしょうか？

親方　君の目の前に道が2つに分かれている。君はどこへ行くか？どの道を選ぶか？ということ。この道の選択によってじゃ、それぞれが変わって行く……。

学　どこへ行ったら良いか？どの道を選ぶか迷うことが多いのですが……。

親方　そこじゃ！その時に君のまわりにどんな友人がいるか？良き大人がいるかどうかなのじゃ。

学　やはり人なのでありますか？

親方　それだけでもない。※友を選ばば書を読みて……という歌もある。

学　ショヲ・ヨミテ……どういうことですか？

親方　本を読む！読書するということじゃ、古今東西の良い本を選んでそこから学ぶ、読書は力なり！じゃ。

学　しかし、今は、スマホやラインでいろいろな情報が手に入ります。新聞でさえ読む人が少なくなりましたから……まして読書なんて……。

親方　そうかのォ〜。情報を取る分には良かろう。じゃがそれにどれだけの時間をかけておるのじゃ。追いまくられ過ぎてはおらぬかのォ〜。

学　それが今の若者のスタイルです。スマホなしでは、生活が成り立ちません。古今東西の本なんて……。古いですよォ〜。

親方　さようか、昭和もいよいよ遠くなりにけり！かのォ〜。よくよく考えるのじゃ。

親方の真意に少しでも触れることができたかどうか……。㋡と㋯のこころをまとめてみます。「地球上の人には、生きて行くヒントになるものとチャンスとが平等に与えられている。そのことに気づく為には、常に素直な気持で人と付き合い、人から学ぶことを心がけること。そして手本となって自分の心に響く師を求め続けるように。どのような人を師に選ぶかは自分の心しだい。美しきこころを持ち続けよ！」と。

怠け者のそばに居るのは罪㋡㋯なことです。

それではいよいよ第6段階に突入します。

※

妻をめとらば、才たけて……、友を選ばば書を読みて、六分の侠気四分の熱（「人を恋うる歌」与謝野鉄幹作詞）

第6段階は秘密の扉の入口だった

「22肝歌に秘密が隠されているのではないか？」という閃きはあったものの「まさか秘密などあり得るはずがないよね？」とか、「浮世ばなれしているのではないか？」などと一瞬頭をよぎりましたが、その秘密の門に入るキッカケとなったのが(か)(ね)(ま)の3首でした。

3首の(か)は「我肝《わちむ》磨《みが》き＝自分のこころを磨きなさい」、(ね)は「我《わ》肝《ちむ》責《し》みり＝自分のこころを反省しなさい」、(ま)は「我肝《わちむ》恨《うら》み＝自分のこころを深く反省しなさい」と「我肝＝ワチム」が似ていて3首がセットになっていると直感したからなのです。ところがこの3首がセットされているのは確かですが、何段階に位置するものなのか？サッパリ見当がつきませんでした。

(る)の歌初めから第5段階の(は)「恥《はじ》ゆ思詰《うみり》り……」に到達してはじめて位置する場所が判ったのです。それは「恥ずかしい行いをした後は、反省すること」という第6段階の場所でした。

この時に思ったことは「流石！親方だ」でありました。「恥ずかしい行いをしたと思えば、反省すると良いのです。しっかりと心を入れ替えて努力すれば、次の段階に進めますよ」と、チャンと敗者復活戦も用意してあったのです。

「親方の人に対する見方は、奥が深く、慈愛に満ちているなァー」と感じた一瞬でした。つづいて第6段階のこころです。

第6段階
テーマ「反省するこころ」㋕㋧㋮ 3首

その1 ㋕「悪欲は改め心を磨け」

㋕の肝歌に「隠しても隠せない過《あやま》ち」というのがあります。これは解釈によって様々なケースが考えられますが、親方はどういう状況を詠ったのでしょうか？

『字通』で「過」を調べてみますと、①すぎる・あやまち②罪・とが、とあります。先ず①は「不始末」や「手落ち」「いたらぬこと」など注意不足で起こす行動であり、②は「悪事」や「犯罪」など故意に起こした行いです。

では親方が詠っている「過ち」はどう解釈すれば良いのでしょうか？ここで注目されるのが㋕の肝歌にセットされている㋲の歌です。

「無理《むり》ぬ銭金《じんかに》や化《あだ》どぅ……」とは、「道理に合わないお金のやり取りは害に……」ということですから、②の法に触れるような行動を詠っていると思います。島津の琉球占領から100年を経た1710年以降の琉球の社会情勢は注目に値する時期で、※貨幣経済が進行し、貧富の差が広がった時代であります。この時世は士族でも職にありつけない人が増え、船頭や料理人など百姓の仕事をする士族も出る一方で、地方では、開墾地を広げるなどで富を貯えた豪農も誕生し、お金で身分を買う者も出ています。

このようなことを背景に、首里王府では、お金で身分を買うことや就職の依頼などで贈収賄があり、また民・百姓の間ではお金の貸し借りがあって、支払えなくなった者は、わが子を辻遊郭に売るなど、行き過ぎることがあったと推測できるのが㋲の歌です。

歌は空想から生まれるものではなく、ただ今！直面している現実の中から生まれてくるものです。現実を反映していない歌などはない！と言っても良く、たとえ心象風景を歌ったものであっても、その時代を反映しているものです。

それ故、親方のこの㋕と㋲の歌は、不慣れな貨幣経済に苦しむ庶民の現実を詠ったものであり、時代の大きな曲り角に立った琉球の社会を反映した歌と指摘して良いでしょう。

それでは㋕と㋲の組歌です。

※

貨幣経済…名護親方の時代の通貨は、冊封使などの大きな取引の場合は、銀貨を使用。1719年の冊封使の取引では、王府にあった銀貨は500貫目で1、875キログラム、冊封使の要求は銀7、500キログラムととてつもないものでした。その頃に使われた鳩目銭《はとめせん》は、50枚で寛永通宝一文に相当していました（一貫は3・75キログラム）。

ⓚとⓜの組歌

肝歌(か)	組歌(も)
隠《かく》ち隠《かく》さりみ (隠そうとしても隠せない)	無理《むり》ぬ銭金《じんかに》や (理由のないお金のやりとりは)
人《ふぃとぅ》ぬ過《あやま》ちぬ (自分がしでかした悪事は)	化《あだ》どぅなてぃ行《い》ちゅる (悪い結果になる・害になる)
急《いす》じ改《あらた》みてぃ (急いで反省して・すぐに悔い改めて)	義理《ぢり》ゆ思詰《うみちみ》てぃ (道理を良く考えて)
我肝《わちむ》磨《みが》き (自分の心を磨きなさい)	無理《むり》にするな (ゴリ押しはするな)

意訳

自分がしでかした悪いことは、隠そうとしても隠せません。すぐ悔い改めて反省し、心を磨きなさい。理由のないお金のやりとりは、悪い結果を招きます。道理をよく考えて、ゴリ押しはしないように。

(か)と(も)のこころ

親方は「お金にまつわる理由のないやり取りは、いつかはバレて悪い結果を招くことになるから、よくよく考えてゴリ押しはしないように。悪いことをしたなァーと思ったら反省して心を磨くように！」と詠っています。

貨幣経済が浸透し始めてから、首里王府時代にも現代と同じような道理に合わないお金のやり取りがあったとは……の感です。人間社会はいつの時代になっても、お金にまつわる悪弊がついてまわるものなのかと思わざるを得ません。

この時代を反映しているものに、１７２０年代に書かれた平敷屋朝敏《ひしちゃちょうびん》作で前述しました『苔の下《した》』があります。『吉屋鶴《よしやちるー》幻想』（宮里政充著）より引用します。よしやという遊女が、黒雲殿に身売りされる時の遊郭※のアンマー（継母）とのやりとりの場面です。

「**よしや**　遊女という業《わざ》に身をやつしてから、あなたのために得てきた金がたくさんありますから、それで豊かな暮らしをなされていいのに、どうして黒雲殿へ私をやろうとなさるのですか。

…（中略）金のために人の情を破らないで下さい。

アンマー　情とは何ですか。あの贈り物を手に入れればたちまち金持になって、この世の栄華を極めることができるでしょう。あなたを（買って）育てたのも、もしかしてこういうこともあろうかと思ってのことです。」

このあとは、よしやが絶食をして死ぬストーリーになっていますが、「お金」と「人の情」とのきしみがみてとれる場面です。

農村では娘を身売りせざるを得ない程の苦境にあったことや、幼い娘を買い受けて遊女に育てる遊郭の仕組みが社会的に容認されていたことを、『苔の下』はよく描写している作品です。お金か人の情か？現代にも通じるテーマですが、このような状況に立たされた時に、どれを選択するのか？が問われます。親方は「我肝磨き・心を磨くしかありませんね」とメッセージを送っています。

お金のやり取りは、(か)(も)ネギにならないように注意したいものです。

※首里王府時代の遊郭

1672年に農村には貧困で私娼が多かったことから、当時の摂政羽地朝秀※（尚象賢《しょうじょうけん》）が一カ所に集めたのが辻遊郭の始まり。その他に仲島《なかしま》・渡地《わたんぢ》の計3カ所があった。冊封使や首里貴族、商人や豪農がお客で、最盛期には300軒近くあったとされる。

※羽地朝秀（尚象賢《しょうじょうけん》）（1617年～1676年）

尚質王・尚貞王の摂政を1666年～1673年まで勤め、王府財政を立て直す為に倹約などの改革を行う。琉球の正史『中山世鑑《ちゅうざんせいかん》』を編纂し、「日琉同祖論」を唱える。琉球五偉人のひとり。

その2㋧「悪欲は捨て、命欲は持て」

親方は「反省のこころ　その1とその2」の組歌で「義理《ぢり》ゆ思詰《うみちみ》てぃ」という言葉をくり返し使っています。これは「義理チョコ」とか「人との付き合いで義理がある」などの意味ではなく、ここでは「ものの道理」とか「人が守るべき道」を意味しています。親方の時代にも「無理が通れば、道理が引っ込む」状況があったのか、それ故にくり返して「義理ゆ」と表現しています。ここで使われている「ゆ」は、ものごとを強調する時に使われる表現であり、「道理こそ」と詠わざるを得なかった親方の心境が偲《しの》ばれます。

その2の組歌㋧と㋤の言葉を『字通』と『広辞苑』で調べてみました。

妬《にた》さ…ねたむ・うらやんで憎む
腹立ち…怒って腹を立てる、「怒《いか》り心頭《しんとう》に発《はっ》する」
責《し》みり…せめとがめる・叱る・もとめる・つとめ
欲悪《ゆくあく》…五欲（食・眠・色・財・名誉）十悪（殺・盗・怒・悪口・貪欲……など）
塵…細かい粒子状の土や砂のこと

ここでエピソードを紹介します。

その1　私が沖縄タイムスのカルチャースクールで『琉球いろは歌』の授業をしている時に、鋭い質問が出ました。「人間には欲は必要で、なくなったら生きて行けないんじゃないですか？」と。私は「むさぼり尽くすような貪欲な欲は節度を持って……」と応えるのが精一杯でした。その後にひっくり返るような言葉が返ってきたのです。「命欲は持って良いが、悪欲は持たないように！」と祖母から教わったと言うのです。命欲とは正に、人が生きて行く上で持たねばならない欲のことだと……。沖縄の寄言に凄味を感じ、新鮮な感覚で腑に落ちました。

その2　東京でのことです。「チリ箱はどこにある？」と聞いたら息子が「ゴミ箱でしょう！父さん」と言うのです。沖縄生まれで東京育ちの息子に笑われました。

悔しい思いを引きずっていた所に親方の「塵」です。そこでゴミと塵の違いを調べてみました。ゴミは、大から小まで使い捨てられた廃棄物のことで、塵は土や砂の小さな粒子のこととありました。がしかし、塵の漢字はあってもゴミの漢字はないのです。長野や愛知などでは、落ち葉のことをゴミと言うらしい。このことからゴミは和製の言葉で塵よりも比較的新しいものであろう。琉球では古くから塵が一般的に使われていた言葉だったからチリと……。少し納得した次第。

(ね)の肝歌には歌の内容から(ゆ)を選んでセットしました。

ⓝとⓨの組歌

肝歌(ね)	組歌(ゆ)
妬《にた》さ腹立《はらだ》ちゃ　(人を妬んで腹を立てるのは)	欲悪《ゆくあく》ぬくとぅや　(貪り尽くす悪欲は)
怪我《きが》ぬ本《むとう》でむぬ　(ケガのもとです)	塵程《ちりふどぅ》ん持《む》らゅな　(少しも持つな)
義理《ぢり》ゆ思詰《うみちみ》てぃ　(道理を良く考えて)	塵積《ちりち》むてぃからや　(邪気が積もってからは)
我《わ》肝《ちむ》責《し》みり　(自分の心を叱りなさい)	山《やま》どぅなゆる　(山のようになる)

意訳

人を妬んで腹を立てるのは、ケガのもとです。人の道理をよくよく考えて、自分の心を叱るようにしなさい。貪り尽す悪欲は、少しも持たないように。チリが積もったら山となるように、取り返しがつきません。

ⓝとⓨのこころ

親方は「人間には持って良い欲と持ってはいけない悪欲とがある。どのような欲が自分にとって望ましいものであるか？その選択を誤まらないように、心を律しなさい」とⓝとⓨの組歌で詠っています。

ここで前述しました「命欲《ぬちゆく》」について考えてみました。

赤ちゃんは、誕生してから唯ひたすら乳を吸い、眠り、起きてはまた乳を吸うことをくり返しながら成長します。この欲は、生物的な本能で五欲のうちの食と眠に当ります。その後は、家庭や社会環境の影響を受けながら、13祝いを迎え、大人の仲間入りをします。

ここを過ぎますと大半の男女は、子孫繁栄の力を持つようになり、青春を謳歌して色欲に目ざめるようになります。それと同時に暮らしを立てるために、どのようにお金を稼ぐかという財欲と社会的に認められたいとする名誉欲とが出てくるようになります。

この五欲は、いわば沖縄に伝えられてきた寄言のひとつの、「命欲」に相当するものであろうと思っています。
では、この五欲をそのまま野放図に放ったらかして良いのでしょうか？食欲は胃袋の分だけ。睡眠は一日中はできない。色欲は毎日という訳には参らない。この三欲は、体力と体調によって制限がありますが、財欲と名誉欲は無限に広がるものです。ましてや悪欲ともなりますと、意図した者にとっては、止めるものがありません。本来なら宗教や倫理・道徳がブレーキの役割を果すべきなのでしょうが、今の世界の実状は、テロや戦争・貧富の差の拡大が続いており、その力も衰え始めています。

ここで突飛ではありますが、中国清朝末期に出版された『厚黒学』を紹介します。※李宗吾著、尾鷲卓彦訳で徳間文庫から出版されています。少しばかり引用します。

「厚黒学とは、第一段階（面《つら》の皮）厚きこと城壁のごとく、（腹）黒きこと石炭のごとし。第二段階（面の皮）厚くてしかも硬く、（腹《はら》）黒くしてしかも光る。第三段階（面の皮）厚くてしかも形なく、（腹）黒くしてしかも色なし」と。そして「聖人君子たらんと欲する者は厚黒学を身につけて自分を確立すべし」と呼びかけています。

さらにこの本は、昔から中国で流布されてきた諸説や英雄などを一堂に集めて批判を展開しているのですが、その学問の本質は「性善説や性悪説などの善・悪を選ばず、事実をありのまま述べるもので、厚黒学で個人の私利を図ろうとするのは、きわめて卑劣な行為であり、衆人のための公利に用いてこそ至高無上の道徳といえる」と著者は語っています。

李氏は「これは善、あれは悪だと決めつけるのではなく、ただ事実を直視すること」と述べていますが、先入観を持たないで、自分の心の命ずるままに物事を判断するようにということでありましょう。しかし、そこに至るまでには、様々な経験と学びが必要であります。それ故に親方は「我肝責《わちむ》み《し》り」と自己反省をくり返しながら善悪を判断できる力を養いなさいと詠っているのでありましょう。つづいてⓜの肝歌です。

※李宗吾《りそうご》（1879年〜1943年）中国四川省の出身。『厚黒学』の著者で、儒教の本家「孔子」に挑んだ思想家。日本の中国侵略に抵抗し「自修能力」が大切だと説いた。

その3㋮「人は人、人品を磨け」

親方は㋮の肝歌の意図が何であるか？それが解り易いようにと㋓と㋻の2首をセットしています。先に述べた㋖の肝歌と同じように、この3首は、王府役人の行動を強く諫める歌となっており、当時の社会風潮に対して腹にすえかねるような余程のことがあったと思われ、反省するのですと。

3首の歌の内容です。

「自分より人が勝れているのは心が痛いとして、悪口を言って足をひっぱる」

「君にはできないだろうと自慢して、相手を馬鹿にして笑う」

「自分のキズは隠して人の弱味やキズを言いふらす」など、身震いするような歌となっています。「食う為に、出世する為には、どのような手段を使ってでも手に入れる」という風な王府内の出世競争や職を獲得する為の醜い争いの風景が浮びます。

3首で詠われている特徴的な言葉は以下のようになっています。

勝《まさ》る痛《ちゃ》さ…人が自分より勝れているのは心が痛い
人《ふぃとぅ》　毀《すし》ら故《ゆい》か…他人をキズつけるよりは
人《ふぃとぅ》　劣《うとぅ》りなたる…人品が卑しくなった
我《わ》肝《ちむ》恨《うら》み…自分の心を（うらみなさい、悔いなさい、かなしみなさい）
得手《えてぃ》ぬ物《むぬ》…最も得意とするもの
人《ふぃとぅ》ぬ嘲笑《あざわれ》や…人をさげすんで笑う、人を見下し馬鹿にして笑う
毒《どぅく》どぅなゆる…毒になって腐る、人生を危《あやう》くする
我《わ》身《み》ぬ疵《きじ》直《ぬう》し…自分のキズを直しなさい
人《ふぃとぅ》ぬ身《み》ゆ毀《すし》てぃ…人の人生をキズつけて
益《えき》やねさみ…利益にならない、転じて役に立たない

などネガティブな言葉が並んでいますが、反省のこころがテーマですので「我肝恨み」と「自分の心をかなしみ悔いよ」と詠って、行く先を示しています。

それでは㋮㋓㋻の組歌です。

㋮㋓㋻の組歌

肝歌(ま)	組歌(え)	組歌(わ)
勝《まさ》る痛《ちゃ》さとぅ思《む》てぃ（自分より人が勝れているのは心が痛い） 人《ふいとう》毀《すし》ら故《ゆい》か（人の悪口を言ってキズつけるのは） 人《ふいとう》劣《うとう》りなたる（人品が卑しくなった） 我《わ》肝《ちむ》恨《うら》み（自分の心をかなしみ悔いよ）	得《え》手《て》ぬ物《むぬ》とぅ思《む》てぃ（自分が得意にしているものだからと） 自《じ》慢《まん》どぅんするな（自慢などしないように） 人《ふいとう》ぬ嘲《あざ》笑《われ》や（人を見下して嘲笑うのは） 毒《どうく》どぅなゆる（毒になる・身を腐らせる）	我《わ》身《み》に瑕《きじ》ありば（自分の心にキズがあれば） 我《わ》身《み》ぬ疵《きじ》直《ぬう》し（自分でキズをなおすように） 人《ふいとう》ぬ身《み》ゆ毀《すし》てぃ（人をキズつけて悪く言うのは） 益《えき》やねさみ（役には立たない）

意訳

自分より人が勝れているのは口惜しいと、人の悪口を言ってキズつけるのは、人品が卑しくなっていることです。

自分の心を悲しみ悔いなさい。

自分の得意なものだからと自慢しないように。人を見下して嘲笑《あざわら》うのは毒になって身を腐らせます。

自分のキズは、自分で直すもので人を悪く言うのは人生には役立ちません。

まえわのこころ

親方は「人と比較しながら生き続けると、人の行動を気にするあまり、自分を失いがちになる。その結果人劣《ふぃとううとぅ》りなたる＝人品が劣化する」と詠っていますが、この人品とは、品性とか品格を意味する言葉で、劣化するは品がなく見苦しくなることであります。

「人より劣っているのは口惜しいので、相手の欠点を言いふらして安心する」「自分の得意なものを自慢して、人を見下す」など、人よりも一段上に居ようとする空気が王府内に充満していたのでありましょう。

しかし、このような心理は、遠い昔のことではなく、現代は競争社会の進展に伴って、このような傾向がさらに進んでいます。

人と比較することを生活の中心に置きますと、どうなるでしょうか？「あの人よりは自分が豊かで偉い」とか「隣りの家よりわが家が立派」とか地域が広がりますと「那覇はナーハイバイ（バラバラ）で、首里はスリズリ（皆、打ち揃って）」という風になり、自分や地域、団体の優位性を主張するようになります。

それが国家や宗教にまで拡大していきますと、最終的には武力で結着をつけるようになると歴史は教えてくれています。

人との節度のある比較は、良き競争相手となったり、目標とする人となったりしますが、度が過ぎますとま⃝え⃝わ⃝の歌のようになっていくのが日常となるのでありましょう。

では、どうしてこのような「比較のこころ」が生まれるのでしょうか。

「三方鮎《みほうあゆ》や」と「畝《うね》に添《そ》ひか」

先ずポジティブなこころをⒶ「三方鮎や」とします。

み…認《みと》める（人の存在を認め共感するこころ）
ほ…誉《ほ》める（人の得意なものを誉める）
う…敬《うやま》う（人に対して敬意をあらわす）

あ…愛する（人に情をかけ、いつくしむ）
ゆ…恕《ゆる》す（人を思いやってゆるす）
や…優《やさ》しさ（上の5項目を思いやりと親しみをもって対応する）
　次にネガティブなこころをⒷ「畝《うね》に添《そ》ひか」とします。
う…恨《うら》む（人を恨みいかる）
ね…妬《ねた》む（人を羨《うらや》みねたむ）
に…憎《にく》む（人を憎み嫌う）
そ…嫉《そね》む（人をそねみねたんで憎む）
ひ…僻《ひが》む（ものごとをゆがめ曲げて考える）
か…顧《かえり》みる（上記の気持になった時に、自分をかえりみる。本来の意味は、神の思いを知ることであり、その思いに叶っているか？と自分をふりかえる）
　Ⓐのこころの場合は、相手の存在を認め共感していますので、人の良い所を誉めて敬意を抱くことになり、「比較するこころ」はほとんど生まれません。しかしⒷの場合は、人の存在

を認めず、敬意を持たないばかりか、人をこ馬鹿にして上から目線になりがちです。Ⓑのこころは、人と自分が「違う」ことから生じる心理です。無意識に「比較」をしているのですね。

このⒶとⒷのこころは、人の心の中にあるものであり何ら恥じるものではありません。聖人以外は誰の心にもあるものです。人の心の中に常に存在する矛盾〝いくさのもとになるエンジン〟をどう制御するか？　このⒶとⒷの間に、前にも書きましたが琉球の「美・仁・柔」という考えのうちの「柔《じゅう》」を入れますとクッションとなって調和が生まれます。

柔は①やわらげる、②神意をやわらげる、③やすらかに・いつくしむ、などの意味であり、「三方鮎や」と「畝に添ひか」の両方を調和させるように柔の心で行動すれば、進む方向は始めはブレながらも次第しだいに調和の心に向かって行くと思います。

親方はⓜⓔⓦの3首をとても大切な歌だと強く主張していますが、さすが心の広い親方です。「自分のいたらなさを深く反省し、行動を改めれば誠のこころから生まれる次の段階へ進めます。前はⓜⓔⓦ明るい光がさしていますよ」と方向を示しているのです。

いよいよ次は第7段階のこころ、ⓝの歌です。

第7段階
テーマ㋤の「人の道はこころ」

肝歌のスタートは、命でした。　命は子々孫々つないでゆく営みが必要で、その中心にあるものが寄言でした。代々にわたって伝えられてきた「力とする言葉＝寄言《ゆしぐとぅ》」を実行するに当っては、方向と漕ぎ方が大切であり、方向を決める基準とし、目標とするものが恥・誠・美でした。

親方は、第5段階ではこの3大目標を実行するのに必要な具体的な例を示してくれました。さらに第6段階では、恥ずかしい行いを反省し、心を入れ替えると第7段階に進むことができるとも。

第7段階は、この反省のこころと誠のこころが合流する場になります。

第7段階の肝歌の選択は、第8段階、第9段階をパズルにはめ込んだ後に残った肝歌㋤をセットしました。

第8段階は、親方が終生大事にしてきた心情「浮世なだやしく＝人生は穏やかに」であろうとそ⃝をセット。第9段階は、「順番を決めている」から、いろは歌の最後の歌す⃝をパズルにはめました。残ったな⃝を入れたらそれが不思議にピッタリと符合し、ホッとしたのです。

親方は、とっても大切なこととして、これまでき⃝とま⃝の肝歌にそれぞれ2首を配置していましたが、な⃝の肝歌には民・百姓を激励するかのようにポジティブな歌を2首セットしています。それでは、な⃝の組歌3首の注目すべき言葉です。『字通』より引用。

生…うまれる・いのち・いきる、生まれたまま・なま（なまもの・なまいゆう→今魚）
白髪被とぅてぃん…白髪を帯びていても（大人であっても）
重さ…おもい・たっとい・重要な
運たさ…はこぶ・さだめ・一定のみち
勤…つとめる・いそしむ
年寄《とぅしゅ》てぃぬ…年老いてからの・年を重ねて
子孫《しすん》寄《ゆ》す言《くとぅ》…子や子孫に伝える寄言（生きる力となる言葉）

素立《すだ》ちゅ…つねに、はじめる
基い…もと・もとい・はじめる
物ゆ…ものごとこそ・存在するものこそ、などです。

これらをもとにして㋨の組歌を意訳しますが、訳のしかたは、それぞれが自由に言葉を選んで構成することができるので、様々な訳が生まれてきます。これが絶対に正しい！という訳などはありません。

それでは㋨の組歌です。

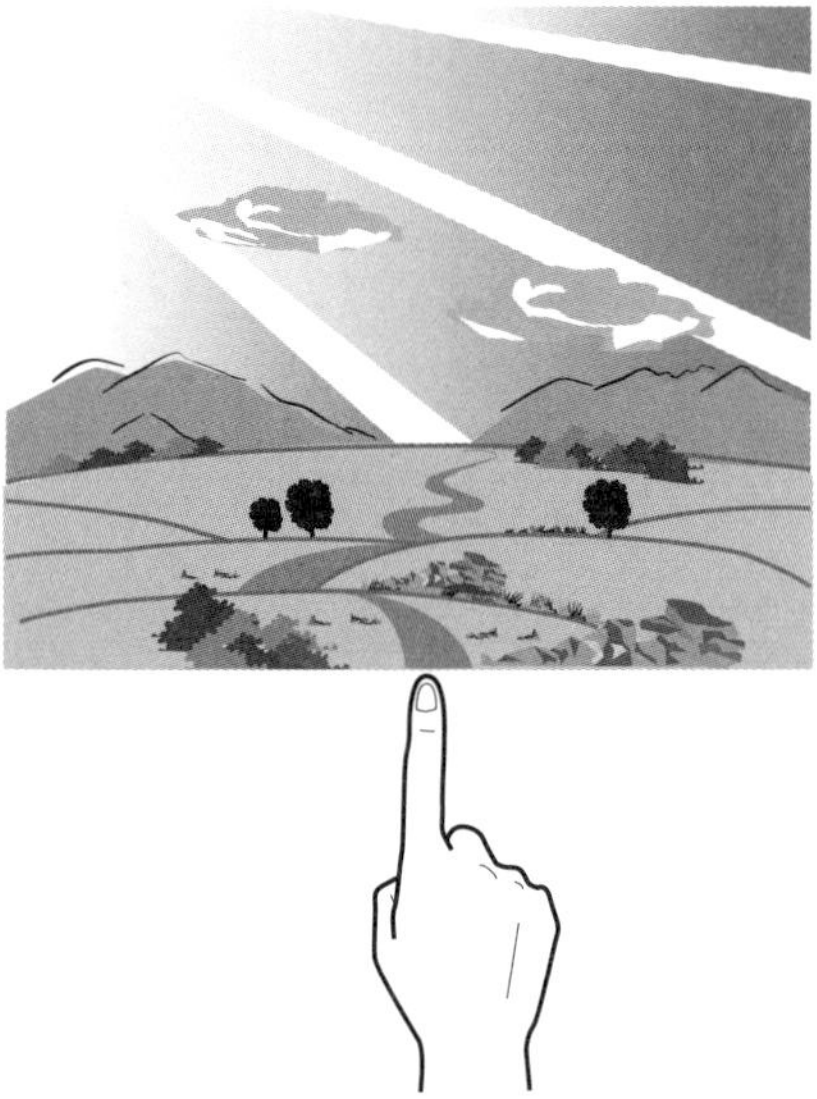

なたらの組歌

肝歌(な)

生童《なまわらび》やてぃん　(今は子どもであっても)
白《しら》髪《ぎ》被《かみ》とぅてぃん　(白髪の大人であっても)
重《うぶ》さ運《うん》たさや　(重要で大切なことは)
肝《ちむ》どぅやゆる　(心こそです)

組歌(た)

誰《たる》ん勤《ちとう》みりば　(誰でも懸命に働けば)
年寄《とうしゅ》てぃぬ楽《らし》ゆ　(年をとってから楽になる)
子《し》孫《すん》寄《ゆ》す言《くとう》や　(子や孫に語り伝えることは)
為《たみ》どぅなゆる　(役に立つ)

組歌(ら)

楽《らく》に素《す》立《だ》ちゅしや　(楽な道を選ぶのは)
苦《くり》しゃする基《むーう》い　(苦労のもとです)
物《むぬ》ゆ思《うみ》詰《ちみ》てぃ　(ものごとを深く考えて)
浮《うち》世《ゆ》渡《わた》り　(定めなき人生を歩め)

意訳

今は子どもであっても、白髪の大人でも重要で尊いさだめは心です。誰でも懸命に働けば、老いてから楽になり、子や孫に語り伝え、生きる力となる言葉は、役に立ちます。始めから楽の道を選ぶのは苦労をするもとです。ものごとをよく考えて、人生を歩むようになさい。

㋤㋟㋶のこころ

第7段階の㋤の肝歌を意訳する時に、キーポイントになったのが「生童《なまわらび》と白髪《しらぎ》」でした。「生童」は生まれたばかりの赤ちゃんや子どもには男と女があり、また「白髪」の老いた人にも男女がある！ということに突然ひらめいて「あァーこれは老若男女《ろうにゃくなんにょ》のことだ」と意訳するに至ったのです。親方が「人間すべて、老若男女にとって尊いものは心です」というのは、「男女を問わず人間は皆平等に尊いこころがある！」と詠っているのです。

このことを裏付けるような親方のエピソードがあります。

2016年の10月、名護博物館に親方の実母と岳母の厨子《ずし》ガメが寄贈されました。実母の厨子は重さ17キログラムの素焼きのカメですが、岳母のは重さが200キロもある石をくり抜いて作られた見事な家型の厨子なのです。奥様の母親をいかに大切にしていたかがこの一事で判るのです。王府時代の女性の葬《ほうむ》り方として稀有な扱いをしています。

ところで「老若男女にとって尊いものは心です」と同じようなことを発言しているのが、日本の哲学者の芳村思風《※よしむらしふう》氏です。彼は「人間の本質はこころだ」と自説を述べています。

また「人間は皆平等である」と親方と同じような宣言をしたのが、前述しました1776年のアメリカ独立宣言と1789年のフランス人権宣言です。親方はどうして世界史に一時代を画した宣言よりも50年余も早く「人間は平等である」と詠うことができたのでしょうか？

これは、親方が生涯の間に5回も中国に渡り、のべ10年も滞在していたことと江戸にも一度行っていることとは無縁でなく、様々な土地と人々に触れる中から人間に対する見方が磨かれたものだと思います。

親方は「こころは、家柄や身分によって左右されるものでなく平等である。人生は楽な道を選ぶのではなく、狭き門から入ってコツコツと仕事に励むと老後は楽になり、子孫繁栄につながりますよ」と。こうなったら、㋤㋟㋶素晴らしいとのメッセージを送っています。

※**芳村思風**《よしむらしふう》（1942年〜）奈良県出身、学習院大学哲学科卒。感性論哲学の創始者で、全国に思風塾がある。感性を原理とする独創的な哲学で、東洋のこころを反映している。

第8段階

テーマ㋨の「魂を磨き、ゆるぎない自分を」

誠と反省のこころとが合流した地点の第7段階は、「人の道はこころで歩め」でした。この第7段階から進んだ第8段階には、〈美しきこころ〉も仲間に加わって、恥・誠・美の3目標が集合する場になります。この集合地点こそ親方が生涯をかけて目標とし、達成しようと心がけた最上の境地であります。

どうしてそのように断定することができるのか？その理由はいろは歌の中に占める㋨の位置にあります。

たまたま、いろは歌の47の数字を検索している時に見つけたのが48の数字で、これは阿弥陀仏の物語でした。この物語の中に法蔵菩薩《ほうぞうぼさつ》という人がいて「48願《がん》をすべて達成したら仏様にして欲しい」と願を立てます。この願いをすべて達成し、最終的に仏様になってしまう物語なのですが、その中の18番目は、「救いを求める人をすべて救います」という法蔵菩薩《ほうぞうぼさつ》の本願になっているのです。

「まさか親方もそうしているのではないよなアー」と半分興味本位でいろはの㋑から順番に数えてみたのです。それが何と18番目が親方が口癖のように詠っている「浮世なだやしく……人生は穏やかに……」を意味する㋞だったのです。その「まさか」がホントになるとは……と。

一瞬総毛立《そうげだち》、こんなところにも秘密を隠していたのかと……絶句でした。18番の㋞こそ、親方の本願であると確信したのです。では、親方は㋞の歌でどのように自己を表現しているのでしょうか？　㋞の肝歌には㋔を組み合わせました。

先ずは㋞の組歌でキーとなる言葉を並べてみます。『字通』より引用

誹《そし》る…そしる・あしざまに言う

構《かむ》な…かまえるな・つくるな・ことをおこすな・しかけるな

誉《ほ》める…ほめる・たたえる・ただす・たのしむ

我　肝《わちむ》…自分のこころ

思詰《うみちみ》り…考えてただしなさい・よく考えて問いかけなさい

重《うぶ》さ…おもい・たっとい・ゆっくり・おそれる
賢《かしか》さ…かしこい・すぐれる・ゆたか
生《う》まりちち…生まれつき
油断《ゆだん》ゆい外《ふか》に…心をゆるめること以外に・手抜きする以外に
科《とうが》やねさみ…おきてはない・規律はない（罪はない）

この言葉を素地にして(そ)と(お)の組歌を意訳します。

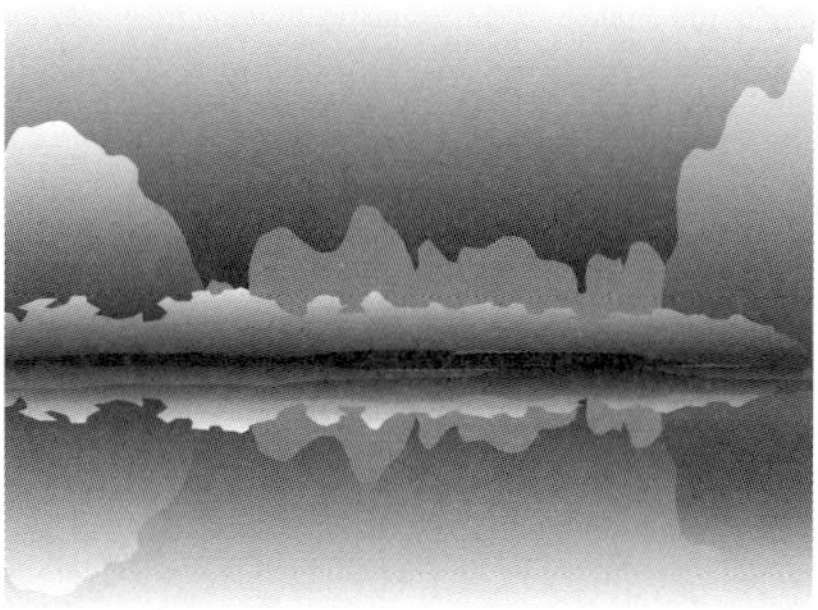

㋞㋔の組歌

肝 歌(そ)

謗《すし》らわん構《かむ》な（悪口を言われても構わないように）

誉《ふ》みらわん構《かむ》な（ほめられても構わないように）

我《わ》肝《ちむ》思《うみ》詰《ちみ》り（よく考えて心に問いかけなさい）

朝《あさ》ん夕《ゆ》さん（朝に夕に）

組 歌(お)

重《うぶ》さ賢《かしか》さや（頭の回転や行動が鈍いとか鋭いとか）

生《う》まりちちとぅ思《む》り（生まれつきの個性だと思うように）

油《ゆ》断《だん》ゆい外《ふか》に（心をゆるめること以外）

科《とうが》やねさみ（罪はない）

意訳

人から悪しざまに言われても、誉められても構わないように。今をどう生きているか朝に夕によく考えて自分の心に問うようになさい。頭の回転が鋭いとか行動が鈍いというのは生まれつきの個性です。油断をして心をゆるめること以外に、人に罪はありません。

㋞㋔のこころ

㋞の歌とは別に、親方の歌として伝えられているものに「誹《す》しらりん好《し》かん　誉《ふ》みらりん好《し》かん　浮世《うちゆ》なだやしく　渡《わた》い欲《ぶ》しゃぬ＝人に悪口を言われるのも誉められるのも好きじゃない。人生は争わず穏やかに渡りたいものだ」があります。

前にも記しましたが、これと対照的なものが蔡温の歌とされている「…沙汰《さた》ぬ無《ね》ん者《むぬ》ぬ役《やく》立《た》ちゅが＝実績をつくれない者が何の役に立つか！役に立たない」です。

親方は、平穏な心の姿を理想として詠い、蔡温は、目に見える実績が大切だと主張しています。このお二人は、いわばコインの表と裏の関係にあり、王府の行政を実施するに当っては、それぞれが補い合いながら役割分担をしていたであろうことが、歌の内容から判断することができるのです。一方は研《と》ぎ澄《す》まされた刀で行政改革に切り込み、他方は切られた人の心を柔らかく包み込む綿のようにです。

親方と蔡温の違いは、家庭環境にあります。蔡温は長男の嫁に尚敬王の長女を迎えるという風に華やかですが、親方は、若い時に妻を逝かせただけでなく、40歳の時には長男・次男・3男・弟の4名をわずか半年の間に亡くし、最後の望みを託していた4男の允升《いんしょう》も親方が67歳の時に失うという辛い体験をしています。このような親方の境遇が、「人の命」や「人の心」を考えることに向かわせたのでありましょう。親方がおそらく晩年の頃に作ったと思われる歌があります。

「静《しじ》かなり澄《す》みり　常《ちに》に身《み》が心《くくる》　波立《なみた》たん水《みじ》どぅ影《かぎ》や写《うち》る

＝私の身も心も静かに澄み渡っておくれよ、

波の立たない水面《みなも》に影が写るように」

親方にもこのような心境になることがあったのでしょうか?身につまされるような歌であります。それ故にか、4男の允升を亡くした時には「人には会わない。隠居するとして門を固く閉ざしていた」という記録が残っています。『程順則年譜』(國吉有慶編)

ここで久しぶりに親方と学君に登場してもらいます。

学　誹《すし》しらりん、誉《ふ》みらりん構《かむ》な！というのはどういうことでしょうか？

親方　人の話に一喜一憂ばかりしておるとどうなるかのォ〜。

学　人が自分のことをどう思っているか、どんな話をしているか気になりますよ。

親方　気にならぬという人などおらぬ！気にし過ぎるあまり自分を忘れてしまうのじゃ。

学　でも誉められたら気持がいいですし、その気にもなりますがねェ〜。

親方　「構な」にはの？誉められて有頂天になったり、悪口を言われて腹を立てて、ことを起こすでない！との？かような思いも入れてあるのじゃ。

学　誉められていい気になったり、悪口を言われても仕返しはするな！と……。

親方　そういうことじゃ！スティーブ・ジョブズのスピーチは覚えておろうに！

学　ハングリーであれ！ですか？

親方　その言葉の前に大事なことを言うておろうが……忘れたのかのォ〜。

学　えーと、そう！人の考えに左右されすぎると、心の声がかき消される……ですか？

親方　そういうことじゃ！自分の心の声、直感に従うように！と前の歌にもあったであろう？

学　すみません！私も誉められると嬉しいものですから……ついムッとして済みません。ところで、頭の回転の良し悪しは生まれつきのもので、それはどうしようもない！ということなのでしょうか？

親方　そういうことではない！

学　でも、親方は生まれつきだと思いなさい！と言っていますよねぇ〜。

親方　人の個性のことなのじゃ、人にはそれぞれの個性がある、だからその個性をみつけて磨き、油断するな！と……。生まりちち、というのはじゃ、人の魂のことを言うておる。この地球の70億の人はの？皆それぞれの個性を持って生まれてきておる！それぞれの役割を持っての？それは……自分のたったひとりのものなのじゃ。

学　と言いますと……個性は人間がいる分だけ、70億通りもあると……。

親方　そういうことじゃ！　自分の個性は何かと、自分に問いつづけ考え続けているとじゃ、いつか自分の道と光とが見えてくるようになるものじゃ。

学　親方は4男の允升さんを亡くされた時にも、ゆるぎない心だったのですか？

親方　厳しい質問よのォ〜、わしも聖人ではない！人の子じゃ、悲嘆にくれてのォ〜、人に会うのも辛かった……。

学　門を閉じて、隠居なさると……。

親方　そのつもりでおったがの？蔡温君が文《ふみ》を寄こした……このままで良いのかとのォ〜、激励されたのじゃ。外に出る勇気をもらった……。

学　外に出る勇気……どのような思いだったのでありますか？

親方　※道知《みちし》らば我身《わみ》ぬ　たとぅい生死《なまし》じん……じゃ。

学　どういう意味でしょうか？

親方　確固とした人の道を見つけたら、今！死んでも……ということなのだがの？じゃがァ……わしは未だ道半ばじゃないかとのォ〜。

学　67歳でまだ道半ばなのですか？

親方　確かな自分をつくるまではのォ〜……。人は弱いものでなぁ〜、いつまで経っても……。それ故にじゃ、天からお召しがくるまで、学び求め続けるのが人の道だとな？

※
「山路《やまじ》踏《ふ》みわ分《わ》きてぃ　道知《みちし》らば我身《わみ》ぬ
たとぅい生死《なまし》じん　ぬー恨《うら》みゆが

＝人生の山路を踏み分けて、人が生きてきた本当の道を知ることができたなら、たとえ今！
自分が死んだとしても何も恨むものはない」（名護親方作）

この㋞と㋔の組歌は、恥ずかしきことを反省するこころと、誠と美のこころとが合流する地点、親方としては、至高の目標である「※明鏡止水《めいきょうしすい》」の境地に至りたい！と詠ったものであり、また今の私達にもゆるぎない自己を確立するように「㋞㋔せよ！」とのメッセージでもあります。

※
明鏡止水《めいきょうしすい》
一点のくもりもなく澄みきった水面《みなも》のような静かなこころのこと。

それでは、最終章の㋜の組歌であります。

第9段階

テーマ㋜の「念を宿してアキラメナイ心を」

親方が望んだ最上のものは、「明鏡止水《めいきょうしすい》の境地」、つまり「静かな水面《みなも》のように澄んだ揺るぎのない心に至りたい」であったことが㋝の組歌から推測することができました。また、㋝の組歌の場所は、恥ずかしい行いを反省したこころや誠のこころ、それに美しきこころをも包み込んだ場であり、我欲を乗り越えた境地でもあります。

㋝の歌の奥深い所には、「確かな自分を確立する為に、自分だけにある個性＝魂を磨き続けるように！」との親方の強い「念《おも》い」も込められています。

第8段階までは、ひとり一人、人それぞれが心がけるテーマでありますが、第9段階は、個人をこえて次世代に対して「念《おも》い」を託し、激励する歌になっています。親方は、どうして第9段階に分けて絵図をデザインしたのでしょうか?実はこれにも大きな秘密が隠されています。

これまでの私の常識では「数字には、たいした意味もなかろう」でありましたが、「ピタゴ※

ラスの数秘術」を知って愕然《がくぜん》としたのです。数字にも意味があるのです。注目の「9」の数字の意味するものです。

①宇宙全体の完結を示す数字
②すべてを受け容れる完成と調和を示す数字
③全体が幸せになって欲しいと願う数字
④コマのように回りながら原点に戻る、などであります。

親方は、よほど「9」の数字に愛着があったのでしょうか?長男に摶《(タン・セン)》九《キュウ》という名前をつけています。この摶（タン・セン）の意味は、かためる・たばねる・まるめるなどで長男の名前の「摶九」をまとめますと「②と③から琉球の完成と調和を目指し、幸せな国になれるよう束ねて欲しい！」と読み取れるだけでなく、「④からは未だ至らなければ原点に戻って、かため直すように！」とも受けとることができるのです。

長男の摶九は、親方が19才の時に誕生していますが、子どもの名前にも「琉球国の発展を願う祈りのような思いを込めている」ことが伝わってきます。親方にとって「9」の数字は聖なる数字であったと思われます。

ⓢの歌のエピソードです。

私が某商業高校の生徒たちに親方の『琉球いろは歌』の講話をした時に、47首の中で最も共感を呼んだのがⓢの歌でした。１００名余のうちの３割が「力づけられた」とアンケートに回答していました。このこころを考えてみたのです。私流にです。生徒たちは「偏差値などで有名高校に進学することができなくてもアキラメズに自分の好きなことに真剣に打ち込めば、道は開ける！」という親方のメッセージに大きく反応したのであろうと……。

このことを思いますと、「３００年を経過した今でも、親方の歌は青少年の心をゆさぶる力がある」と実感したのであります。

それでは、ⓢの肝歌には組歌で残った最後の歌ⓗを組み合わせました。慈愛にみちた見事な歌になっています。

※
ピタゴラス（BC582年～BC496年）古代ギリシャの数学者であり哲学者。「宇宙の全ては数字から成り立つ」と宣言。数秘術の創始者とされる。「数秘術では1～9までの数字、11と22の数字に意味が含まれていると考えられている」（宇宙数秘術サイト八代久美より）

(す)と(へ)の組歌

肝歌(す)

勝《すぐ》り無《ぶ》勝《すぐ》りや（勝れているとかいないとかは）

肝《ちむ》からどぅやゆる（心の姿にある）

念《にん》ぬ入《い》る者《むぬ》に（深く決意した人には）

下手《ふいた》やねさみ（手落ちはない）

組歌(へ)

下手《ふいた》からどぅ習《なら》てぃ（未熟から習い学んで）

勝《すぐ》りいんしゅる（すぐれるようになる）

及《うゆ》ばらんとぅ思《む》てぃ（できないと諦《あきら》めて）

思案《しあん》するな（心配めさるな）

意訳

勝れているとかいないとかは、表のことであって大切なことは心の姿にあります。

こうすると深く決意した人の人生には、手落ちはありません。人は、未熟なことから習い学んで、すぐれるようになるものです。始めからできないと諦《あきら》めるものではありません。心配めさるな諸君！

ⓢとⓗのこころ

親方がⓢとⓗの組歌で「心配めさるな諸君！」と若者たちに呼びかけているのは、自分よりも先に逝った4人の子たちや弟の尊い遺志を受け継いで、次世代へつないで欲しい！という心の叫びのようにも聞こえてくるのです。「琉球の希望の扉を開けるのは、若い君たちにある！」とですね。

第9段階の組歌のキーワードは「念《おも》う」です。

ここで「おもう」を『字通』で調べてみますと5種類もあるのです。以下の通りとなっています。

思う…深く思慮する…おもう・かんがえる・ねがう・のぞむ・いつくしむ
想う…思い浮かべ慕う…おもう・おもいうかべる・おもいしたう・ねがう・おもわく
念う…中に深く閉ざす…おもう・心にふかくおもう・おもいをこめる・となえる・こころ
憶う…神意を悟る…おもう・はかる・おぼえる
懐う…追憶する…おもう・おもいおこす・こころにつつむ・なつかしくおもう

このように様々な「おもい」があるのです。

終戦後、アメリカ占領軍による漢字整理命令によって多様な「おもい」の漢字がカットされてしまった結果、そのこころは戦後生まれの世代には伝わらなくなっています。実に「モッタイナイ」ことであります。

この「おもう」の漢字の中で最も強い意志がこめられているのは、「念《おも》う」です。その意は「心に深く念《おも》いを込める」であります。言い換えますと「心に深く決意する」とも意訳ができるのです。

何を決意するか?は、人それぞれであり、前述しましたようにその決意は地球上の人間の数だけ70億通りもあるということであります。なので「自分の得意とするもの、働き過ぎだと思われるぐらいに動いても、楽しくて疲れなど感じないもの」を見つけ出し、最初から諦めないで、念《ねん》を込めるのです。

親方は「コツコツと続けているうちに、マンゴーの実が熟するように、勝れるようになりますよ。心配することはありません!」と「念《ねん》を込める」ことの大切さを訴えており、時空をこえて心に響くメッセージとなっているのです。また「あなたは自分の人生に賭ける念いはありますか？」と挑発しているようにも思うのです。
それでは、親方と学君の会話で「いろは歌の秘密の物語」をしめることにします

『琉球いろは歌』に託した名護親方の「念《おも》い」

学　(す)の肝歌では、勝れていることが、何か悪いことでもあるかのように感じられるのですが、そのこころと言いますか、真意はどこにあるのでしょうか？

親方　歌の流れからすると、君が言う通りに感じられるかも知れぬのォ〜。じゃがの？勝れる！ということは皆が目ざさねばならぬ目標じゃ。勝れるとはの？何の為に学ぶかということなのじゃ。わが琉球は、大国の間、スキ間にある。右も左もみて、生き抜く工夫をせねばならぬのじゃ。唐《とー》ぬ世《ゆ》から大和《やまとう》ぬ世《ゆ》、大和《やまとう》の世《ゆ》からアメリカ世《ゆ》、という歌もあろう。これはの？この島々の宿命のひとつでのォ〜。これをどう解決するか？学ぶのじゃ。

学　耐えるのがあまりにも長すぎます。

親方　そろそろじゃ！２０００年紀に入っておろう。今の文明が変わる時期にきておる！
琉球のこころが生きる時代なのじゃ。それ故にじゃ！　学び深めて、時代に対応せねば
ならぬのじゃ。

学　できるのでしょうか？私達に……。

親方　はじめからできない！　と諦めてはならぬ！　と申しておろう。琉球には、永遠に生きて
人を元気にするチムグクルがあるではないか！

学　今すぐはできなくても……時間をかければ……誠《マクトゥ》ソーケーどうにかなると……。

親方　美《び》・仁《じん》・柔《じゅう》の柔《じゅう》じゃ！柔《やわ》らかくの？柔よく剛を制すと申すではないか！

学　柔《やわ》らかくですね？　それに……　もう少し教えて頂きたいのですが、　22肝歌を9段階にし
たのは何か……意図があるのでしょうか？

親方　どうして君は、　9段階と言うのかね？

学　22肝歌を並べていたらです……どういう訳か……自然に9段階になっていたとしか……。

親方　そうかァ〜、自然にのォ〜、たいしたものじゃ！そこまではの？よもやワシの秘密は解けぬであろうとな？そう！君の推理通りじゃ。

学　どのような意図を隠しておられるのですか？

親方　９の数字は、君が調べた通りじゃ。琉球の島々に生きるすべての人にの？ワシのこの９段階の絵図を参考にしてじゃ、人は何故この地球に生まれ、琉球に生きておるのか？との？人のオオモトをじゃ、くり返し考えて欲しい、９段階のどこに自分が居るのかとのォ〜。自問自答して欲しいとな？

学　自問自答でありますか？

親方　そう！朝に夕にな？ほんの少しの時間はあろう、ヒゲをそったり、化粧もしよう。鏡に写るその一瞬！良い顔をしているかどうかとな？

学　それだけでよろしいのですか？

親方　それで良い！不思議なものでのォ〜。いろは歌を手本にして自問自答をくり返しておるとじゃ。一瞬、降りてくる何ものかがある！それは自分の魂の声だと思ってじゃ、その感覚を大事にすると良かろう。

学　よきことが降《ふ》り注いでくるのでしょうか？

親方　ア〜ア、佳きことがの？それはのォ〜、自分の中にある潜在意識とでもいうか……神と言っても良かろう。それが目をさますようになる。耳を澄ますと彼等が教えてくれよう。それはまたの？自分の中に在る別の自分の声でもあるのじゃ！

学　そのようなことって、人には必ずあるのでしょうか？

親方　それがあるのじゃ！フト心に浮かんだことがあろう、それにふたをしての？気づかぬふりをしている者が多いのじゃ。モッタイのうてのォ〜。たったひとりのじゃ。誰のものでもない、自分の心の声なのにのォ〜。

学　自分の心の声を聞くのですか？私にもできるのでしょうか？

親方　できるとも！心がけ次第なのじゃ。毎日くり返しての？ほんの一瞬でも良い、目ざめた時の寝床でものォ〜。心の姿はどうなっているかと……。

学　最後にもうひとつだけ。肝の文字が入った22首にも何か秘密があるのでしょうか？

親方　やっと聞いて欲しい質問がきましたな？　よくぞ数えてくれたものじゃ、流されずにのォ〜。

学　やはり何かあるのですね？

親方　22の数字はの？世の為に何かを成し遂げるという王様のような数字なのじゃ！

学　王様の数字？……ですか？

親方　そうじゃ！力強い数字なのじゃ、新しい琉球を創り上げようとの？美しきものをじゃ！それはのォ〜、琉球の心の底の底にあるものなのじゃ、美に勝るものは何もない。完全なる調和の心なのじゃ。

学　22の数字に、そのような念《おも》いを込めているのですか？

親方　琉球の民が自分の肝《ちむ》、こころを磨いての？島々が背負った宿命をじゃ、のりこえることができるように、そしてこの地球《ほし》に生きるすべての人の和を目指してのォ〜。意識を高めて欲しい！これが22に込めたワシの念《おも》いなのじゃ。

学　このホシ（地球）の為にですかァ……。はじめから9段階までのテーマを……足りないところをみつけくり返すのですかァー……。

親方 その通りじゃ、この琉球の島々に生まれたひとり一人がのォ〜、自分の宿分《すくぶん》、そう！個性にじゃ、これに気がついて力強く立って歩くようにとな？ゆるぎのない自分を創り上げて欲しいとのォ〜。くり返し返して、人は人になるのじゃ。

学 いろは歌……くり返し返して、人は人になる……。

親方 じゃがのォ〜学君、君はよくぞワシのいろは歌の秘密を解いてくれたのォ〜。

学 22の肝歌のお陰なのです。

親方 ３００年、待った甲斐があった……。

学 まだまだ途上であります。歌が深すぎるのです。私の手に余ります。

親方 そのようなことはない！教訓歌の裏に秘めていたものをじゃ、それを読み解いた者は、君だけなのじゃ、感謝しておる！

学 尊敬する親方から、そのように誉めて頂きますと……猿も木に……で、また有頂天になってしまいます。

親方　アッハッハー、よくぞ、いろは歌のこころを開《あ》けてくれましたなアー、この絵図は
ワシの世界観でもあるのじゃ。いずれは君たち沖縄を背負う者の道標《みちしるべ》にもなろう。
あとは頼みもうしたぞ。サラバじゃ！

学　親方……。

親方の去った空を見上げながら、たとえ一人からであっても、親方のこころを島々に
広げると念《ねん》をこめて誓う学君が居た。

名護親方の二十二肝歌絵図（九段階）

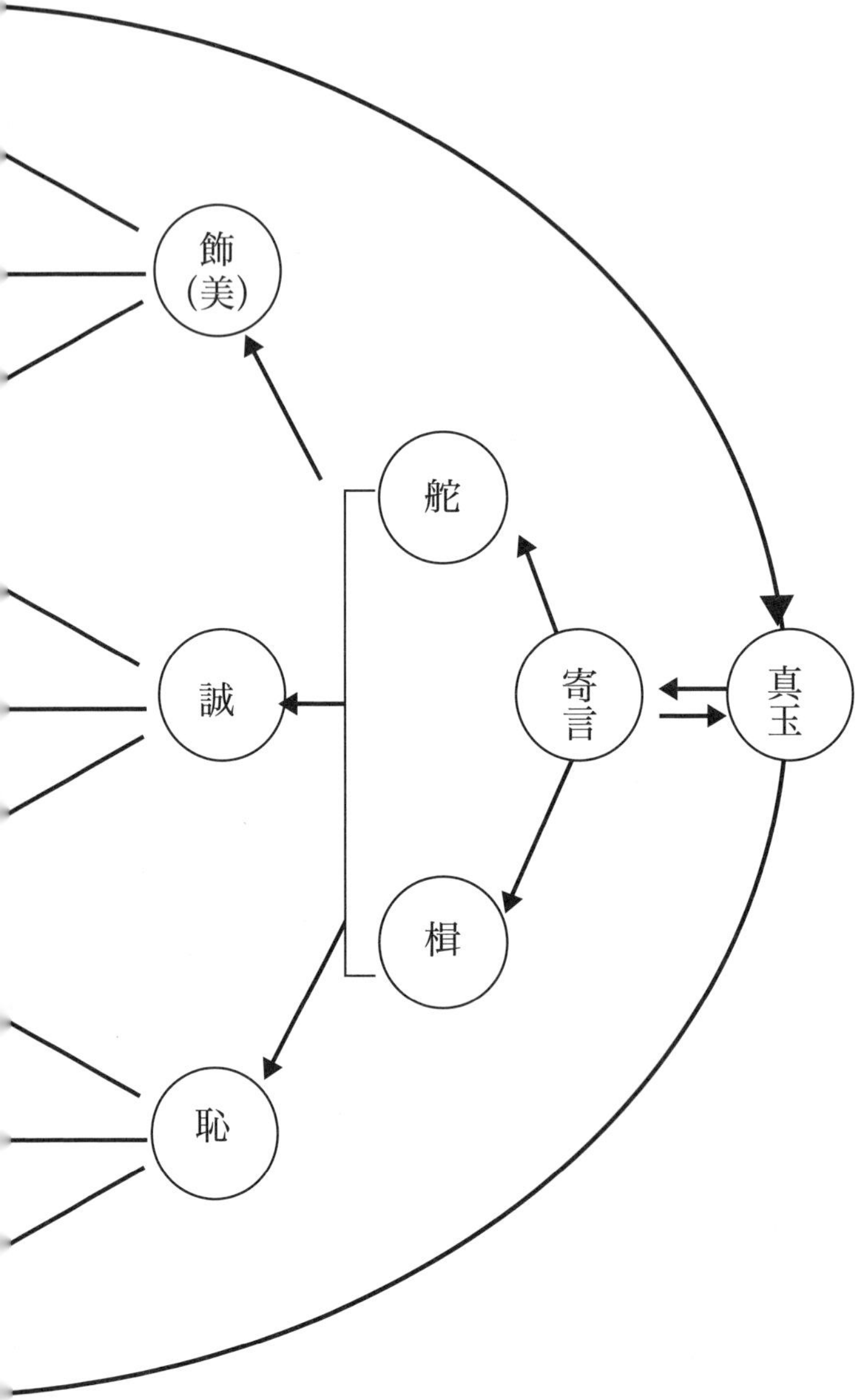

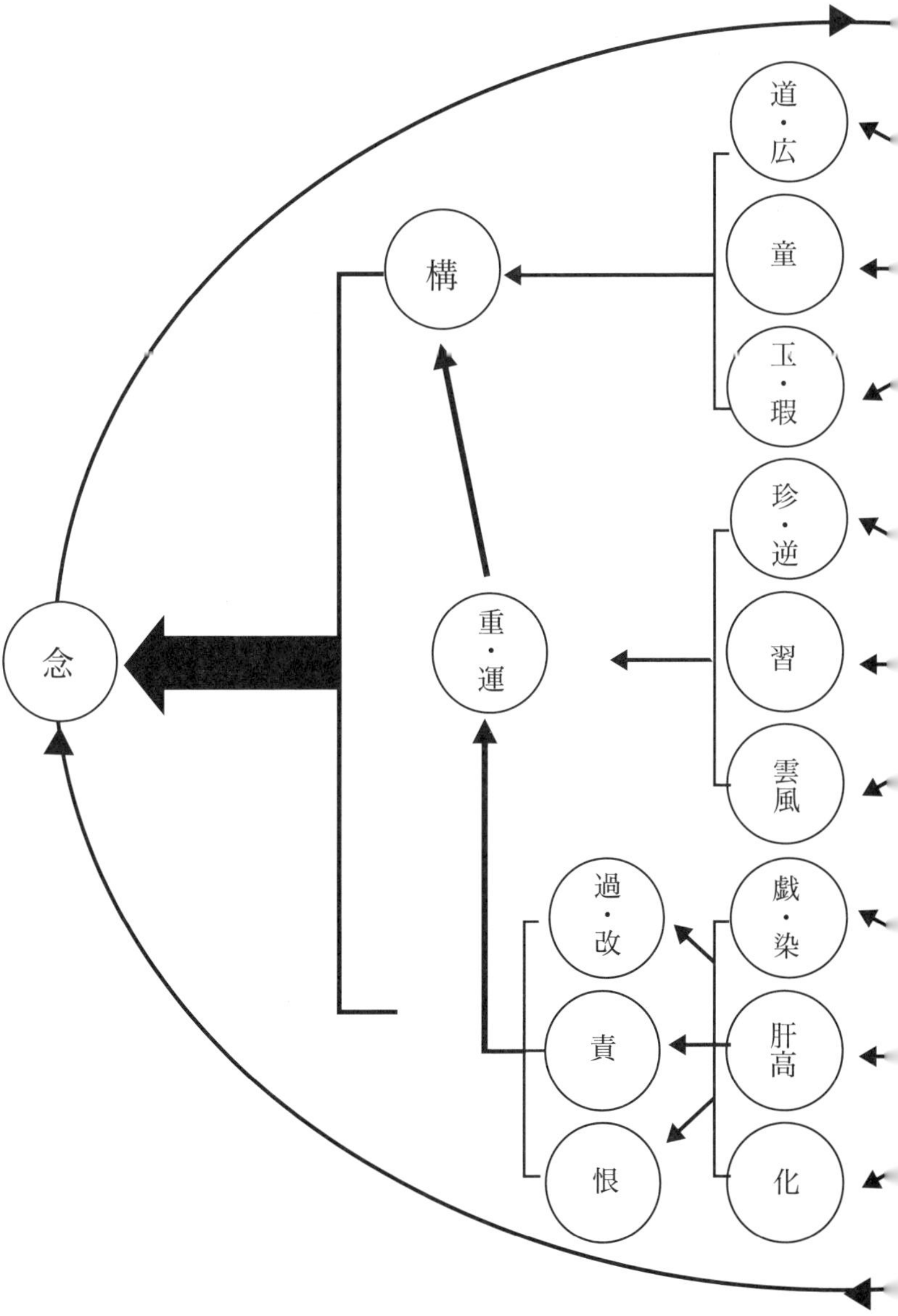
念
構
重・運
道・広
童
玉・瑕
珍・逆
習
雲風
戯・染
肝高
化
過・改
責
恨

あとがき

名護親方が中国から『六諭衍義』を持ち帰った１７０８年から親方が逝去する１７３４年までの26年間は、当時の琉球にとっては様々な面で時代が変わる疾風怒濤《しっぷうどとう》の時代であったと表現できるのではないか。『琉球いろは歌』は正にこのような時代を背景にして創作されたもので、この時代は、今の沖縄の現状と良く似ていて、相似形の様相を呈しています。歌の背後にあるものを考察すると現代にも適用できるものが多く、ある意味では琉球の偉人が後世に残した「今を生きる指南書」ともいえるものであろう。

歌の表向きは、「堅苦しい道徳を説く儒教思想」を普及するものであり「古めかしく、今さら学ぶ必要はない」として敬遠する人も多いと思われるのですが、実は裏には琉球史の大きな秘密が隠されており、その扉の入口を開ける試みをしたのが本書です。

また親方が『琉球いろは歌』に盛り込んだ思想は、今でいう「人間学」であり、あの当時にあっては時代をはるかに越えたもので、「男女平等」など「あってはならない思想」だったのでありましょう。

それ故に「秘密にして後々のために隠さざるを得なかったのであろう」と私は解釈しています。名護親方（程順則）の歌に出合ってから9年目にして『琉球いろは歌の秘密』を書き終えることができてホッとしていると同時にＱＡＢの関係者に感謝しています。

この本で表現したものは、ほんの一部に過ぎず歌の意味はもっと深く、他の秘密も隠されているのかも知れません。願わくば、この本を手がかりにして、別の物語が生まれてくることを待ち望んでいます。

出版に当たっては、レイアウト・装幀をしてくれた吉見万喜子氏・出版の相談に乗って下さったヴァリエの池宮城氏には大変お世話になりました。

また多大な協力をしてくれた（株）ナンセイの稲福社長には勇気を頂きました。出版の労を取ってくれた沖縄タイムス出版部の友利部長は懇切丁寧なアドバイスを下さいました。

謹んで感謝申し上げます。

参考にした書籍やウェブサイト

『字通』白川静著　平凡社
『名護親方程順則評傳』真栄田義見著
『名護親方程順則資料集』名護市教育委員会
『程順則年譜』國吉有慶編　久米崇聖会
『吉屋鶴幻想』宮里政充著
スティーブ・ジョブズ、スタンフォード大学の演説
ホピ族の神話
『琉球国旗の巴旗』金城唯仁著
『蔡温・伝記と思想』真栄田義見著
『琉球千草之巻』慶留間知徳著
『名護親方・程順則の琉球いろは歌』安田和男著

ブログ・蔡温時代のノート
宇宙数秘術サイト・八代久美
『蔡温年譜』嶋袋全発編　久米崇聖会
『前世療法』ブライアン・L・ワイス
『若き詩人への手紙』リルケ
『東方諸国記』トメピレス
『幻の講話』森　信三
『厚黒学』李宗吾
感性論哲学・芳村思風
『沖縄一千年史』真境名安興著
沖縄時事新報　他

著者プロフィール

上間信久（うえまのぶひさ別称しんきゅう）

1947年沖縄県今帰仁《なきじん》村今泊出身
国費沖縄留学生として神戸大学に入学。

卒業後、大京観光大阪支社、沖縄県庁を経て琉球放送に入社。

放送記者として警察、文教厚生、農林水産、土木、経済などを担当。月~金の情報番組「RBCジャーナル」の制作に参加。

『大航海時代の遺産・泡盛』など多数の番組制作に当り、東京支社へ転勤。

RBC営業担当、報道制作担当常務を経て琉球朝日放送常務へ転出。社長に就任し、退職後は琉球いろはアイランズ社を設立して代表に。名護親方の琉球いろは歌などメディアで学んだ沖縄の歴史や文化の普及に向けて活動中。

名護親方の
『琉球いろは歌』の秘密

二〇一八年一月二十二日　初版第1刷発行
著　者　上間信久
発行所　琉球いろはアイランズ社
沖縄県那覇市銘苅三-二〇-二七　〒九〇〇-〇〇〇四
レイアウト・装幀　吉見　万喜子
協　力　㈱ナンセイ
発売元　沖縄タイムス社
☎０９８（８６０）３５９１（出版部）
印刷所　株式会社 東洋企画印刷